ADOLPHE JOANNE

GÉOGRAPHIE

DU GARD

11 gravures et une carte

HACHETTE ET Cie

GÉOGRAPHIE

DU DÉPARTEMENT

DU GARD

AVEC UNE CARTE COLORIÉE ET II GRAVURES

PAR

ADOLPHE JOANNE

AUTEUR DU DICTIONNAIRE GÉOGRAPHIQUE ET DE L'ITINÉRAIRE
GÉNÉRAL DE LA FRANCE

CINQUIÈME ÉDITION

PARIS

LIBRAIRIE HACHETTE ET Cie

79, BOULEVARD SAINT-GERMAIN, 79

1892

TABLE DES MATIÈRES

DÉPARTEMENT DU GARD

LISTE DES GRAVURES

Typographie A. Lahure, rue de Fleurus, 9, à Paris.

·DÉPARTEMENT

DU GARD

I. — Nom, formation, situation, limites, superficie.

Le département du Gard doit son *nom* à un torrent des
Cévennes, le Gard ou Gardon, qui, courant du nord-ouest au
sud-est, à la rencontre du Rhône, le divise en deux parties à
peu près égales.

Il a été *formé*, en 1790, du *diocèse de Nîmes* (321,895 hectares) et de celui d'*Uzès* (277,830 hectares), appartenant au
Languedoc, l'une des provinces qui constituaient alors la
France. Cette vaste province, qui avait pour capitale Toulouse
et qui comprend huit départements, se divisait en *Haut-
Languedoc*, *Bas-Languedoc* et *Cévennes* : le Gard faisait partie
du Bas-Languedoc, avec l'Aude, l'Hérault et l'Ardèche.

Le département du Gard est *situé* dans la région méridionale et méditerranéenne de la France ; il a même 20 kilomètres de côtes sur la Méditerranée. Quatre départements —
Ardèche, Haute-Loire, Puy-de-Dôme et Allier — le séparent
du Cher, qui occupe à peu près le centre de la France. Deux
seulement — Vaucluse et Hautes-Alpes — le séparent de la
frontière italienne. Son chef-lieu, Nîmes, situé à 725 kilomètres au sud-est de Paris par le chemin de fer, à 600 à vol d'oi-
seau. en est séparé par sept départements : Ardèche, Haute-

Loire, Puy-de-Dôme, Allier, Nièvre, Loiret et Seine-et-Oise.

Le département du Gard, compris entre 43° 27′ 40″ et 44° 27′ 20″ de latitude septentrionale, et entre 0° 55′ 30″ et 2° 30 30″ de longitude orientale, est *borné :* au nord, par le département de l'Ardèche ; au nord-ouest, par la Lozère ; à l'ouest, par l'Aveyron ; au sud-ouest, par l'Hérault ; à l'est, par les Bouches-du-Rhône et Vaucluse. A l'est et au sud, il a des limites naturelles : à l'est, une partie du cours de l'Ardèche, puis celui du Rhône, et, à partir de l'origine du delta du fleuve, le lit du Petit-Rhône, du Rhône-Mort et du Rhône-Vif ; au sud, sur quelques kilomètres seulement, la mer Méditerranée. Au nord, à l'ouest, au sud-ouest, les limites sont presque constamment conventionnelles, c'est-à-dire tracées à travers champs sans tenir compte des obstacles naturels tels que des collines et des rivières.

Sa *superficie* est de 588,000 hectares : sous ce rapport, c'est le 55ᵉ département ; en d'autres termes, 52 sont plus étendus. Sa plus grande *longueur*, de l'ouest à l'est, entre la Dourbie à Revens et le Rhône au-dessus d'Avignon, est de 125 kilomètres environ ; du nord au sud, entre les gorges du Chassezac et la mer, il y a 15 kilomètres de moins. Enfin, en ne tenant pas compte de petites sinuosités, le *pourtour* du département est, en nombre rond, de 425 kilomètres.

II. — Physionomie générale.

La moitié du département est occupée par les Cévennes ; l'autre, par des collines de moyenne hauteur, des plaines et les marais du Rhône et du bord de la mer.

Les **Cévennes** sont bien moins hautes que les Pyrénées et que les Alpes ; mais elles se rattachent aux montagnes d'Auvergne, avec lesquelles elles forment le Plateau Central, le massif montagneux le plus important de la France par son étendue et par sa situation. Après avoir couvert de leurs ramifications quelques communes de la Haute-Garonne, des cantons de l'Aude, une grande partie du Tarn, de l'Hérault, de l'Aveyron, elles entrent dans le Gard par l'arrondissement du Vigan. Là elles font partie de la grande ligne de faîte européenne entre l'Océan et la Méditerranée, puisqu'elles séparent les eaux qui vont à l'Océan par la Dourbie et le Tarn de celles qui descendent bien plus vite à la Méditerranée par l'Hérault. Dès son entrée dans le Gard, la chaîne des Cévennes atteint 1365 mètres d'altitude, au *Guiral* ou *Saint-Guiral*, qui se dresse au nord d'Alzon, sur la limite de l'Aveyron ; et, à peu de distance, 1408, puis 1428. Elle remplit de ses montagnes granitiques les cantons du Vigan, de Valleraugue, de Trèves, de Saint-André-de-Valborgne et de Lasalle. Entre la source de l'Arre et celle de la Dourbie, les Cévennes portent le nom de *Monts du Lenglas* (1440 mètres) ; entre les sources de la Dourbie et l'Hérault naissant, elles s'appellent *Monts de l'Espérou* (le *mont d'Aulas*, 1422 mètres) ; entre la Dourbie et le Trévezel, *Monts de Souquet* (1401 mètres) ; au nord des sources de l'Hérault, sur le faîte entre cet affluent de la Méditerranée et le Tarnon, sous-tributaire de l'Océan, l'*Aigoual* atteint 1567 mètres d'altitude à la montagne de l'*Hort-Dieu*, point culminant du département et dont la cime appartient à la fois au Gard et à la Lozère ; il est boisé sur les versants E. et N., et une de ses ramifications se nomme Forêt de l'Aigoual. Entre le Rieutord, tributaire de l'Hérault, et la Salindrinque, affluent du Gard, entre Valleraugue et Lasalle, le *Lirou* a 1000 à 1080 mètres. Toute cette partie des Cévennes, que la guerre des Camisards a remplie de souvenirs légendaires, est justement célèbre pour ses prairies, ses eaux limpides, ses bassins arrondis, ses gorges, ses cascatelles, ses bois de châtaigniers et de hêtres et ses monts granitiques ou schisteux, presque partout plantés d'arbres fruitiers et de vignes jusqu'à leur sommet. C'est surtout près du Vigan que se trouvent les sites les plus gracieux ou les plus grandioses.

Le pays du Vigan plaît d'autant plus pour ses monts boisés, ses torrents, sa verdure, que son noyau granitique est bordé, au nord, à l'ouest et au sud, par des massifs et des plateaux calcaires, pleins de beaux sites, mais nus, stériles, brûlés. Au nord, ce sont : le vaste causse Méjan (Lozère), élevé de 900 à 1200 mètres (*causse* veut dire en patois plateau calcaire), les calcaires jurassiques du canton de Trèves et les immenses cavernes où s'engouffre le torrent de Bramabiau ; à l'ouest, c'est le plateau aveyronnais du Larzac, froid et dépouillé ; au sud, les plateaux et les monts de schiste, de granit et de calcaire des cantons d'Alzon, du Vigan et de Sumène, la *Tour d'Arre* (955 mètres), les *Rochers de la Tude* (896 mètres) et le *Pic d'Anjeau* (865 mètres), belle montagne pointue au pied de laquelle coule la Vis.

Au nord des sources de l'Hérault, au nord-est. des montagnes blanches et dénudées du canton de Sumène et de la chaîne du Liron, les montagnes de l'arrondissement d'Alais font également partie des Cévennes. Les divers chaînons qui s'y développent entre les Gardons, — Gardon de Saint-Jean, Gardon de Mialet, Gardon d'Alais, — leurs tributaires et la Cèze, viennent du département de la Lozère, où ils se détachent des Cévennes des Gardons et du massif du Mont-Lozère (1702 mètres), qui élève ses grands plateaux de pâturages au-dessus des sources de trois rivières importantes, l'Allier, le Lot, le Tarn. Granitiques comme au nord du Vigan, les monts d'Anduze, de Saint-Jean, d'Alais, de Génolhac, ne dépassent 1000 mètres que vers Saint-André-de-Valborgne et Génolhac, sur les frontières lozériennes, c'est-à-dire près du massif de l'Aigoual et du renflement de la Lozère : au-dessus de Concoules, le sommet de *Costelades* atteint 1508 mètres. En général, loin de leur point d'émergence, ces contreforts se maintiennent entre 500 et 600, plus rarement entre 600 et 700 mètres d'altitude.

La dernière montagne un peu élevée des Cévennes du dép. du Gard se dresse entre Alais et Lussan, sur les limites de l'arrondissement d'Alais et de l'arr. d'Uzès : c'est le *Guidon-du-Bouquet*. Cette montagne n'a que 631 mètres ; mais son isolement, sa hauteur relative, sa situation en avant du massif, lui donnent un aspect grandiose, surtout quand on la contemple du haut des collines qui séparent la plaine de Nîmes de la vallée du Gardon. Le Guidon-du-Bouquet commande le pays d'Uzès et de Bagnols, région de coteaux, de rocs parsemés de maigres oliviers, de gorges où croissent la vigne et le mûrier, de plateaux accidentés portant quelques forêts, et çà et là crevassés d'abîmes où s'engouffrent des eaux qui vont reparaître, par de belles fontaines, dans les vallons, le long de la Cèze, an pied d'Uzès. Autant les plateaux sont arides et secs, autant les vallées sont fraîches et bien arrosées. Celles de l'Ardèche, de la Cèze et du Gardon, qui descendent au Rhône, se font

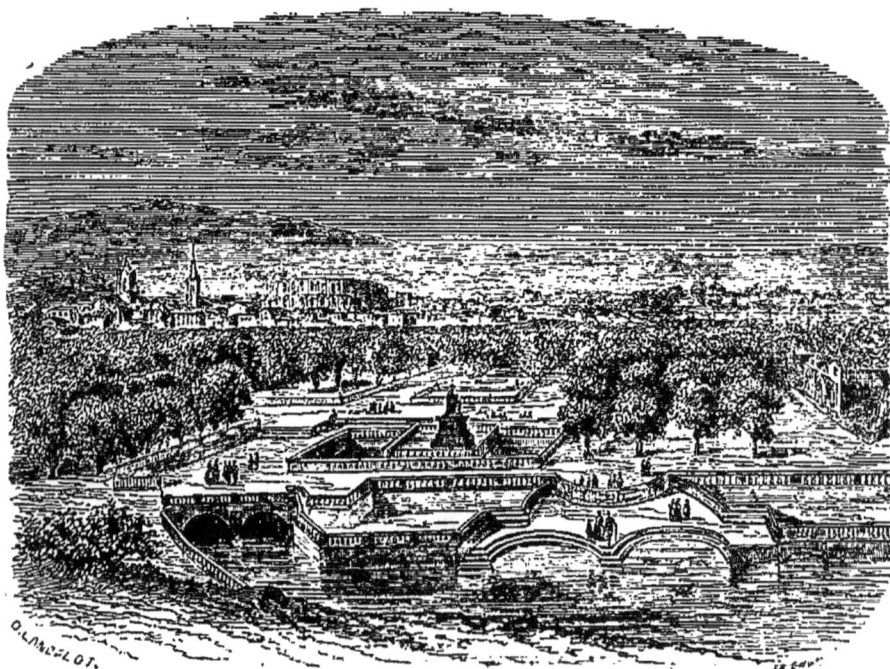

Nîmes, vue de la Fontaine.

surtout remarquer par leur riche végétation et par leurs rochers pittoresques.

La *Gardonnenque* est la vallée large et féconde où serpente le Gard ou Gardon, de sa sortie des gorges cévénoles à son entrée dans les défilés de Saint-Nicolas et de la Baume. Au sud-ouest de la Gardonnenque, de cette plaine au département de l'Hérault, se ramifient des montagnes calcaires, dont la terre végétale a glissé dans les gorges ou a été entraînée

par les eaux vers les plaines et la mer. Leurs ruisseaux se
déversent dans le Vidourle. dont les inondations sont terribles.
Non loin du Vidourle, aux environs de Sauve, s'étendent
des plateaux hachés de ravines, brûlés par le soleil.

Entre la plaine de Nîmes, ou *plaine du Vistre*, et les gorges du Gardon, le massif de collines appelé les **Garrigues**
n'est pas moins aride. Les Garrigues, qui se continuent par
le plateau appelé *Plan de la Fougasse*, n'offrent que des traî-
nées de pierres rougeâtres où végètent, on ne sait comment,
des mûriers, de petits oliviers, des figuiers, divers arbustes,
des cyprès, des taillis de chênes-verts. Les lits pierreux des ruisseaux y recueillent rarement une goutte d'eau ; les grandes
pluies n'y créent même pas souvent un faible courant, l'eau s'in-
filtrant presque immédiatement entre les pierres pour tomber
dans les gouffres qui alimentent la fontaine de Nîmes. Des
murs de pierres rougeâtres superposées sans ciment et qu'ha-
bite le scorpion, divisent les Garrigues en une foule de petites
propriétés appelées *mazets*. Des coteaux bas séparent la plaine
fertile, mais monotone, du Vistre du vallon du Rhôny, for-
mant, avec les hauteurs qui le bornent, la *Vaunage*, riche
vignoble, habitée surtout par des protestants.

Le Vistre et le Vidourle ont leur cours inférieur dans une
région marécageuse dont la ville principale, Aigues-Mortes,
doit justement son nom aux eaux dormantes de ses étangs.
Les MARAIS du Gard sont compris entre la frontière de l'Hérault, la mer, le Petit-Rhône, le Rhône et les collines de Vauvert, de Saint-Gilles et de Bellegarde (point culminant,
136 mètres) ; ils ne sont pas enfermés par les bras du fleuve,
mais ils font partie de son delta ; les sables de la côte y pro-
tégent contre la mer de vastes étangs bordés de salines.

III. — Littoral, cours d'eau, canaux.

Les côtes du département du Gard n'ont que 20 kilomètres
de développement. Elles présentent un cordon littoral sablonneux, dessinant un S dont la convexité serait formée par la

Pointe de l'Espiguette, tandis que la partie rentrante serait le golfe semi-circulaire du Grau-du-Roi, signalé par un phare auprès duquel débouche la Grande-Roubine ou canal d'Aigues-Mortes. Ce cordon s'est avancé considérablement, même depuis l'ère chrétienne, dans la direction du sud, soit par suite des alluvions du Rhône, qu'entraîne à l'ouest la rotation terrestre, soit par un soulèvement lent. « Saint - Gilles, dit M. Élisée Reclus[1], où maintenant n'accèdent que les barques des canaux, fut un port de mer fréquenté dès l'époque phocéenne ; au douzième siècle, avant la création du port d'Aigues-Mortes, ce fut le havre du midi provençal où s'embarquaient en plus grand nombre les pèlerins de la Palestine. Les étangs du sud, qui communiquaient avec le Petit-Rhône, formaient alors une rade excellente. » De nos jours, le littoral continue lentement à se modifier : les alluvions du Petit-Rhône, mêlées aux sables érodés des côtes, vont prolonger, au sud-est du golfe d'Aigues-Mortes, la pointe, bien nommée, de Terre-Neuve, où se dresse le phare de l'Espiguette.

« Garanti des alluvions du Rhône par la Pointe de l'Espiguette, le *golfe d'Aigues-Mortes* est aussi partiellement abrité des vents si dangereux du sud-est, et les eaux sont relativement calmes dans cette grande anse de la côte. Le projet d'y établir un port de refuge ne paraît donc pas chimérique à quelques ingénieurs. Sans dragage aucun, des profondeurs de 3 mètres se maintiennent par tous les temps entre les musoirs du Grau-du-Roi ; si les digues étaient prolongées en mer jusqu'aux fonds de 6 et 7 mètres, les navires pourraient s'y réfugier en toute sécurité pendant les tempêtes du large, tandis que sur les rivages occidentaux, vers Palavas et Cette (Hérault), ils se trouvent presque inévitablement en perdition. Le port d'Aigues-Mortes, qui maintenant n'a guère d'utilité que pour l'importation des oranges de Valence (Espagne) et des îles Baléares, pourrait devenir le complément maritime

1. *Nouvelle géographie universelle*, t. II. Librairie Hachette.

de Nîmes et d'Alais, pour l'introduction des matières premières et l'expédition des houilles. »

A l'exception des ruisseaux du canton de Trèves qui vont se perdre au loin dans l'Océan Atlantique, par la Dourbie, le Tarn et la Garonne ou Gironde, toutes les eaux du département du Gard descendent à la Méditerranée, la plus grande partie par le Rhône, le reste plus directement, par le Vistre, le Vidourle et l'Hérault, petits fleuves côtiers.

Le **Rhône** est le plus grand fleuve de la France. Si son cours n'est que de 812 kilomètres, son bassin de 9,700,000 hectares, son volume d'eau est considérable : il porte à la Méditerranée 12,000 mètres cubes au moins en grande crue, 500 à 550 à l'étiage, c'est-à-dire aux eaux très-basses, et sa moyenne annuelle est estimée diversement à 2,603 mètres cubes par seconde, selon les uns, à 1,718 suivant les autres.

Le Rhône naît en Suisse, dans le Valais, à 1,753 mètres au-dessus des mers ; il sort d'un grand glacier que dominent de belles montagnes, dont la plus élevée a 3,603 mètres. Il coule à l'ouest-sud-ouest, dans la large vallée du Valais, recevant à de courtes distances des torrents boueux et bruyants, nés dans de vastes « mers de glace », dont l'une, celle d'Aletsch, a 14,000 hectares.

A 375 mètres d'altitude, après avoir changé de direction à Martigny, il se perd dans le lac de Genève ou Léman, d'où il sort à Genève aussi bleu que le lac. Au-dessous de la ville, il est augmenté au moins d'un tiers par l'Arve, descendue des glaciers du Mont-Blanc. Un peu plus bas, il quitte la Suisse, après un cours de 270 kilomètres, pour entrer en France ; il y coule d'abord au fond de gorges pittoresques, entre les calcaires du Jura et des montagnes de la Savoie ; il sépare le département de l'Ain de ceux de la Haute-Savoie, de la Savoie et de l'Isère, entre en plaine, baigne la seconde ville de France, Lyon, y reçoit la Saône, rivière de première grandeur, et tourne brusquement et définitivement au sud. Au-dessous de Lyon, il sépare le département de l'Isère de ceux du Rhône

et de la Loire, puis sa rive droite atteint le territoire de
l'Ardèche, département qu'il longe pendant 130 kilomètres.

A l'embouchure de l'Ardèche, le Rhône commence à toucher par sa rive droite le département du Gard, qu'il sépare de
celui de Vaucluse, puis des Bouches-du-Rhône. Presque aus-
sitôt il passe sous les vingt et une arches du Pont-Saint-Esprit ;
son lit, très-large, forme de grandes îles, appartenant les unes
à Vaucluse, les autres (*îles : Saint-Georges*, près de Saint-
Étienne-des-Sorts ; *de Miémar*, au N. de Roquemaure ; *d'Oiselet*
et *de la Motte*) au Gard. Après avoir longé le pied des pittoresques collines de la Dent-de-Marcoule (222 mètres), le fleuve
reçoit la Cèze, puis baigne Roquemaure, Villeneuve, séparée
d'Avignon par les deux bras qui enserrent l'extrémité de la
grande île de la Barthelasse, et Aramon. Au-dessous du confluent du Gard, il passe à Beaucaire et à Tarascon.

A une petite distance en amont d'Arles, le Rhône se divise
en deux branches inégales : le Grand-Rhône garde environ
les trois quarts des eaux, n'en laissant qu'un quart au Petit-
Rhône : entre les deux bras s'étend la marécageuse Camargue
(75,000 hectares), comprise, comme le Grand-Rhône, dans les
Bouches-du-Rhône ; seules la rive droite du Petit-Rhône, celles
du Rhône-Mort et du Rhône-Vif appartiennent au Gard. —
Le Petit-Rhône passe à 2 kilomètres de Saint-Gilles.

Du confluent de l'Ardèche à la bifurcation d'Arles, le
Rhône a dans le Gard un cours de 91 kilomètres. La longueur
du Petit-Rhône, du Rhône-Mort et du Rhône-Vif, dépasse 65 kilomètres, en tout plus de 150 kilomètres, pendant lesquels le
fleuve, ou ses branches, sert de frontière au Gard.

Le Rhône est navigable, ou censé tel, dès sa sortie des défilés
de Bellegarde, dans le département de l'Ain ; il l'est surtout
à partir de Lyon ; mais sa rapidité, l'inconstance de son lit,
ses « seuils » de peu de profondeur, gênent beaucoup la navigation, notamment à la remonte. A 45 kilomètres de la mer,
à Arles, commence la navigation maritime, très-contrariée
par le peu de profondeur et le mauvais état des embou-
chures ; aussi pour obvier aux obstacles qu'opposent les passes

mouvantes, a-t-on récemment construit le canal Saint-Louis. Ce canal, long de 4 kilomètres, large de 60 mètres, profond de 7, unit le Grand-Rhône à l'anse du Repos, dans le golfe de Fos, à l'ouest-nord-ouest de Marseille.

Le Rhône reçoit, par sa rive droite, dans le département du Gard, l'Ardèche, l'Arnave, la Cèze, le Gard et les déversoirs des marais des environs de Bellegarde et de Saint-Gilles.

L'**Ardèche** n'entre pas dans le département du Gard; elle ne fait que le séparer pendant 17 kilomètres du département auquel elle donne son nom. L'Ardèche, l'une des plus curieuses rivières de la France, a 110 à 120 kilomètres de longueur dans un bassin de 239,600 hectares, compris, pour la plus grande partie, dans le département qui porte son nom, pour la plus petite, dans ceux de la Lozère et du Gard. Elle a ses sources sur le Suchalias, près du col de la Chavade, ouvert à 1,279 mètres, sur la route du Puy à Aubenas, et par un autre bras, plus long, au pied du Pendu, sommet de 1,457 mètres. Elle coule au pied des hautes colonnades basaltiques de Thueyts, passe à Aubenas et sous le *Pont-d'Arc*, l'une des merveilles de la nature en France.

A 12 kilomètres en aval du Pont-d'Arc, l'Ardèche commence à toucher le département du Gard, auquel elle sert de limite jusqu'à son embouchure. Du Pont-d'Arc à son confluent avec le Rhône en amont de Pont-Saint-Esprit, l'Ardèche serpente dans un défilé profond, désert ou à peu près jusque vers Saint-Martin; dans les parois de l'une et de l'autre rive s'ouvrent en grand nombre des grottes très-curieuses, notamment celles de Saint-Marcel et de Saint-Martin; au pied de ces grottes, et plus haut devant les ruines insignifiantes de la Madeleine, comme plus bas devant le vieux manoir d'Aiguèze, ces défilés ont un très-grand caractère. L'Ardèche est une des rivières les plus capricieuses de la France, on peut dire du monde entier; l'abondance extraordinaire des pluies lors de certains orages amenés par des remous du vent contre les Cévennes, la nature du sol, formé, dans la portion supérieure du bassin, de gneiss, de granit, de roches imperméables, le déboisement des versants, la rapidité des pentes, y déterminent des crues extraordinaires. Ce torrent est classé comme navigable sur une longueur de 8,900 mètres, de son confluent au bac Saint-Martin.

L'Ardèche ne reçoit dans le département du Gard que quelques ruisseaux dont le moins insignifiant est l'*Aiguèze*.

L'*Arnave*, long de 5,400 mètres, a sa source et son embouchure sur le territoire de la commune de Saint-Alexandre.

La **Cèze** a presque tout son cours (100 kilomètres) dans le département du Gard. Elle doit ses premières eaux à des sources qui jaillissent sur les flancs du mont de Vielvy (990 mètres), au sud-est de Villefort (Lozère). De Bessèges à Saint-Ambroix, le chemin de fer d'Alais descend sa vallée, remplie d'usines qu'ont fait naître et qu'entretiennent les mines de houille abondantes du bassin de Bessèges, appelé aussi bassin de la Cèze. A Saint-Ambroix, la rivière, sortant des gorges, entre dans une large plaine. Mais à Rochegude, elle serpente, à la base de collines qui vont se rattacher au Guidon-du-Bouquet, dans d'autres défilés qui se continuent jusqu'à Roquepertuis, où elle forme la cascade du Sautadet. Après avoir passé au pied de la haute colline pointue de Sabran et sous le vieux pont de Bagnols, la Cèze coule entre la Dent-de-Signac (235 mètres), le Bois-de-Gicon (200 mètres) et la Dent-de-Marcoule, puis va se perdre, au-dessous de Codolet, dans l'un des bras du Rhône qui entourent l'île allongée de la Piboulette. La Cèze est navigable sur 12 kil.

La Cèze reçoit, outre plusieurs sources : — au pied de la colline de Sénéchas (rive dr.), l'*Homol* (17 kil. dont 12 dans le dép.), qui passe près de Génolhac ; — à Peyremale (rive dr.), le *Luech* (28 kil. dont 15 dans le dép.), qui naît dans la Lozère et passe à Chamborigaud ; — à Robiac (rive g.), la *Ganière* (22 kil. dont 12 dans le dép.), venue des monts de Malons-et-Elze (972 mètres) ; — à Rivières (rive dr.), l'*Auzon* (30 kil.), qui commence, sous le nom d'*Auzonnet*, dans les montagnes de Portes (670 mètres) : un de ses affluents, l'*Alauzène*, contourne le Guidon-du-Bouquet ; — en face de Rochegude (rive g.),

la *Claysse* (22 kil. dont 5 dans le dép.), qui vient de l'Ardèche ; — en aval de la Bastide (rive dr.), l'*Aiguillon* (24 kil.),
qui naît en plaine, au pied du Guidon-du-Bouquet ; il baigne
la colline de Lussan et se grossit de l'*Avègue* à Verfeuil ; — à
1 kil. en amont du Rhône (rive dr.), la *Tave* (30 kil.) : la Tave
reçoit la *Veyre* (25 kil.) et la *source de Tabion*, voisine de
Connaux : elle passe au pied de l'abrupte colline de Saint-
Pierre et du camp romain (261 mètres) et à Laudun.

Le **Gard** ou **Gardon** (117 kil. de cours jusqu'à la source
du Gardon d'Alais, 120 kil. jusqu'à l'origine du Gardon d'Anduze) se forme au-dessous des Tavernes, à 2 kil. au sud de
Vézénobres, par la jonction du Gardon d'Anduze et du Gardon
d'Alais. Le Gardon d'Anduze, long de 65 kil., dont 59 dans
le Gard, apporte au lit commun, ou Gard inférieur, les cinq
huitièmes de ses eaux ; le Gardon d'Alais, long de 55 kil.
dont 55 dans le Gard, les trois huitièmes seulement. L'un et
l'autre viennent de la Lozère. — Le *Gardon d'Anduze* ou
Gardon de Saint-Jean, né au-dessous du hameau des Crottes,
sur le versant S.-O. de la Can-de-l'Hospitalet, passe à Saint-
André-de-Valborgne et à Saint-Jean-du-Gard ; il reçoit la *Salin-*
drinque (18 kil.), qui descend du Liron et baigne le beau vallon de Lasalle, puis il se double par les eaux du *Gardon de*
Mialet (48 kil.), torrent dont l'origine et les trois quarts du
cours appartiennent à la Lozère. — Le *Gardon d'Alais* se
forme au pied du Puy de Saint-Maurice (1354 mètres) ; il
prête son étroite vallée au chemin de fer de Brioude à Nîmes,
passe à la Levade et à la Grand-Combe, absorbe le *Galeizon*
(24 kil.), qui a ses sources dans la Lozère, longe les quais
d'Alais, et reçoit l'*Avène*. — Coulant ensuite dans la plaine
de la Gardonnenque, le Gardon passe sous le viaduc de Ners
(chemin de fer d'Alais à Nîmes) ; son lit, large et incons-
tant, se rétrécit tout à coup en aval de Dions, puis entre
dans une superbe vallée d'érosion, profondément encaissée. Les
défilés s'interrompent pendant quelques centaines de mètres
au-dessous du pont de Saint-Nicolas-de-Campagnac, puis
recommencent pour ne se terminer qu'à Collias, village en

Alais.

aval duquel a été construit le célèbre Pont du Gard. Au pont
suspendu de Remoulins, le Gard est déjà en plaine, et il y
reste jusqu'à son embouchure dans le Rhône (à Comps-
Saint-Étienne, entre Aramon et Beaucaire), après avoir arrosé
Montfrin.

Dans la Gardonnenque, le Gardon perd par infiltration une
grande partie de ses eaux ; parfois même, dans les étés très-
chauds, il reste complétement à sec au-dessous de Moussac,
village dans les environs duquel un mètre cube d'eau du torrent
disparaît par seconde, soit dans les fissures du lit, soit dans les
anfractuosités des roches riveraines. Mais, à une faible distance
en aval du pont de Saint-Nicolas-de-Champagnac, l'eau qui
s'est engouffrée en amont commence à reparaître par la
source de la Ferragère ou *des Frégeires*. Plus bas, au-dessus
du moulin *de la Baume*, à *Collias*, à *Lafoux*, de nombreuses
et abondantes fontaines, qui jaillissent près du lit ou
dans le lit même du Gardon, fournissent, même dans la saison
sèche, 2 à 3 mètres cubes d'eau par seconde. A Collias, au-
dessous du confluent de l'Alzon, le Gardon roule pendant dix
mois de l'année 6 à 40 mètres cubes d'eau par seconde ; aux
eaux exceptionnellement basses, le débit peut descendre, au
même point, à 3 et même à 2 mètres par seconde ; pendant
les inondations, il atteint 4000 mètres cubes.

Le Gard reçoit, en aval du confluent des deux Gardon : —
à Moussac (rive g.), la *Droude* (26 kil.) ; — à Dions (rive dr.),
la *Braune* (20 kil.), qui passe à Saint-Mamert et reçoit la *Tou-
rasette* ; — en face de Dions (rive g.), le *Bourdic* (20 kil.) ;
— à Collias (rive g.), l'**Auzon** (12 kil.) : cette rivière, qui
fait marcher plus de vingt usines, a pour origine la *fontaine
d'Eure*, ou *Ure*, dont le débit minimum dépasse 120 litres
par seconde. La fontaine d'Eure naît dans le vallon que dominent les grands rochers couronnés par la ville d'Uzès. C'est
pour amener ses eaux à Nîmes que les Romains avaient construit l'aqueduc appelé Pont du Gard. L'Eure reçoit, presque
dès sa naissance, les *fontaines d'Airan*, qui sourdent dans les
prairies de Saint-Quentin, prend dès lors le nom d'Auzon,

Pont du Gard.

puis se grossit d'autres fontaines et de la *Seynes* (28 kilomètres).

Le **Vistre**, petit fleuve dont le cours n'atteint pas 70 kil., descend des collines de Cabrières (200 mèt.). Il entre presque immédiatement en plaine, près de Marguerittes, croise le chemin de fer de Nîmes à Lyon, puis celui de Nîmes à Tarascon, coule à 3 kil. au sud de Nîmes, prête sa vallée fertile, mais large et monotone, à la ligne de Nîmes à Cette, passe près de Milhaud, de Bernis, d'Uchaud, au château de Candiac, à 2 kilomètres de Vauvert. Au-dessous du Cailar, il se transforme en un canal qui coupe par de longues lignes droites les marais situés au nord d'Aigues-Mortes, puis débouche dans le canal de la Radelle : celui-ci communique, à l'ouest, avec le Vidourle et le canal des Étangs, à l'est avec le canal de Beaucaire à Aigues-Mortes et le canal de la Grande-Roubine, débouchant en mer au Grau-du-Roi.

Le Vistre reçoit : un certain nombre de petites sources qui jaillissent près du Pont du Gard ; le Fougueron, le Fougue, la Fontaine de Nîmes, le Rhôny et la Cubelle.

Le *Fougueron* (ou *Fouzeron*) et le *Fougue* (ou *Fouze*) naissent dans de vastes grottes d'où sortent pendant six mois de l'année de 48 à 230 litres d'eau par seconde.

La **Fontaine de Nîmes** est un gouffre limpide, profond de 14 à 15 mètres, ouvert au pied de la colline de la Tour-Magne, à côté des ruines du temple de Diane. Elle est alimentée par l'eau des pluies qui tombent sur les Garrigues et sur le Plan de la Fougasse. Une forte pluie sur les Garrigues alimente la ville et ses usines pendant quelques jours, souvent pendant quelques semaines. A la suite de sécheresses persistantes, la source diminue, et de rivière devient ruisseau ; on l'a vu descendre à un débit de 6 à 7 litres par seconde. Au sortir de la ville, le cours d'eau qu'elle forme est d'une malpropreté immonde. C'est pour remédier à l'insuffisance de cette source qu'a été exécuté récemment le canal qui amène à Nîmes les eaux du Rhône, prises à Comps, près de Beaucaire (10 mètres cubes d'eau par seconde).

Le *Rhôny* (24 kilomètres) passe à Caveirac, coule dans la Vaunage, croise le chemin de fer de Tarascon à Cette entre Mus et Vergèze, baigne Codognan et se jette dans le Vistre au Cailar.

La *Cubelle* (19 kil.) a son embouchure à 4 ou 5 kilomètres en aval de celle du Rhôny.

Le **Vidourle** (100 kilomètres), plus considérable que le Vistre, naît dans le Liron, sur le versant N. de la montagne de la Fage, à 950 mètres. Non loin de son origine, ses eaux rares filtrent, en été, dans les graviers de son lit, mais ne tardent pas à reparaître, au-dessus de Saint-Hippolyte Le Vidourle arrose Sauve, Quissac, Vic-le-Fesq, Sommières, coule au pied de la Roche-d'Aubais, et sépare le département du Gard de celui de l'Hérault. Près du Grand-Gallargues, ses eaux baignent les piles ruinées du pont romain d'*Ambrussum*, puis coulent sous un viaduc du chemin de fer de Nîmes à Cette, et passent à moins de 3 kilomètres de Lunel. Dans son cours inférieur, le Vidourle coupe le canal de la Radelle, menant d'Aigues-Mortes au canal des Étangs, et tombe dans l'étang du Repausset, qui communique avec la mer près du Grau-du-Roi. Ce petit fleuve éprouve des crues subites appelées *Vidourlades* : dans l'espace de quelques heures, il roule par seconde 1500 mètres cubes d'eau, c'est-à-dire 15,000 fois le volume de son débit minimum (100 litres à la seconde).

Le Vidourle reçoit, dans le Gard, plusieurs torrents très-faibles en été, le *Rieumassel*, le *Crespenon*, le *Brestalou* (21 kil.), le *Crieulon* (19 kil.), la *Courme* (16 kil.), etc. En temps de sécheresse, la *source de Sauve* contribue notablement à l'alimentation du Vidourle.

L'**Hérault**, qui, plus bas, donne son nom à un département, prend sa source sur le versant S.-E. de l'Aigoual. Il a un cours de 164 kil. Sa principale source descend du versant E. du col de la Séreyrède et porte le nom de *rivière de Malet* jusqu'à Valleraugue. A partir de Pont-d'Hérault, il coule dans des gorges calcaires. Il quitte le départ. du Gard au confluent de la Vis, en amont de Ganges. Dans le Gard, il n'a pas plus de 32 kilomètres de cours ; mais, grâce à l'abondance des fontaines qui ruissellent de toutes parts dans les montagnes du pays du Vigan, il a acquis une partie de son développement lorsqu'il entre dans l'Hérault, où il coule dans les célèbres défilés de St-Guilhem-le-Désert, passe près de Pézenas, baigne Agde et tombe, au-dessous de cette ville, dans la Méditerranée. Son débit à l'étiage, à l'embouchure de la Vis, est de 1 mètre cube par seconde.

L'Hérault reçoit, dans le département du Gard, le Claron et l'Arre ; hors du département, il recueille les eaux de la Vis, qui double au moins son débit, et celles du Rieutord.

Le *Claron* tombe dans l'Hérault (rive g.) à Valleraugue.

L'**Arre** (25 kilomètres), charmant torrent, aussi fort que l'Hérault, et peut-être plus à leur confluent (à Pont-d'Hérault, rive droite), est formée par la réunion de ruisseaux descendant du chaînon de Lenglas et a été très augmenté par une source trouvée dans les travaux d'un tunnel du chemin de fer du Vigan à Albi. L'Arre passe près du *pont de Mousse* d'Avèze et au Vigan. Ses deux affluents notables sont le *ruisseau du Pont-d'Andon* et la *fontaine d'Isis*, voisine du Vigan.

La **Vis** (50 kil.), rivière aussi abondante que l'Hérault, prend ses sources près du Saint-Guiral, sur les frontières du département de l'Aveyron. Elle passe à Alzon (630 mètres) et descend au bas des escarpements du Larzac ; là, après avoir reçu en amont de Vissec, la *Virenque* (30 kil., dont 18 dans le dép.), la Vis, qui jusqu'alors n'était qu'un maigre torrent aux crues redoutables, reçoit la magnifique source de la Foux et devient une belle rivière qui traverse, entre les rochers de la Tude et d'Anjeau sur la rive g. et la Serrane sur la rive dr., d'admirables gorges. Elle n'y rencontre que quelques villages et va se jeter dans l'Hérault à peu de distance de Ganges.

Tout à fait à l'ouest du département, au pied de la montagne d'Aulas, par 1250 mètres d'altitude, jaillit la source de la **Dourbie** : ce torrent, à la vallée froide et sauvage, ne baigne dans le Gard que le village de Dourbie. Dans l'Aveyron, il coule à la base des immenses escarpemen ts calcaires du Causse Noir (rive dr.) et du Larzac (rive g.), et va mêler ses eaux fraîches et bleues à celles du Tarn, au-dessus de Millau. Son cours est de 70 kil., dont 22 dans le Gard. Un de ses tributaires, le *Trévezel* (21 kil. dans le Gard), reçoit le *Bramabiau* et passe à Trèves. Le Tarn étant un affluent de la Garonne, le canton de Trèves appartient au bassin de l'Océan.

Le *Rieutord* (31 kil. dont 23 dans le Gard) naît dans le Liron, baigne Sumène et tombe dans l'Hérault à Ganges (Hérault).

Étangs. — Les étangs sont nombreux dans les marais du sud. L'*étang du Repausset*, où se perd le Vidourle et que traverse le canal de la Grande-Roubine, serait un golfe de la Méditerranée sans les dunes du Grau-du-Roi ; il communique avec l'*étang du Repau*, où tombent le Rhône-Mort et le Rhône de St-Roman. — L'*étang de la Ville* baigne les murs d'Aigues-Mortes ; n'était une chaussée, il ne ferait qu'un avec l'*étang du Commun*, l'*étang du Roi* et l'*étang de Caïtives*. — L'*étang d'Escamandre* est voisin du canal de Beaucaire à Aigues-Mortes. — L'*étang de Leyran* ou *Grand-Rond* avoisine Montcalm. — Dans l'intérieur du départ., on ne peut guère citer que l'*étang de la Capelle*, à quelques kil. a l'E.-N.-E. d'Uzès.

Canaux. — Le *canal de Beaucaire à Aigues-Mortes* a 50 kilomètres de longueur et un tirant d'eau de 2 mètres. A Aigues-Mortes, il communique avec les canaux de la Grande-Roubine, du Bourgidou et de la Radelle.

La *Grande-Roubine*, longue de 6 kilomètres, relie Aigues-Mortes et les trois canaux qui débouchent dans le bassin de cette ville, à la plage du Grau-du-Roi. Large de 30 mètres, elle a un tirant d'eau de 3 mètres.

Le *canal de la Radelle* (longueur 9 kilomètres, tirant d'eau 2 mètres) réunit les canaux d'Aigues-Mortes au canal des Étangs, continuation du canal du Midi.

Le *canal du Bourgidou* (longueur 10 kilomètres, tirant d'eau 1ᵐ,50) rattache le canal de Beaucaire à Aigues-Mortes au *canal de Silvéréal* : ce dernier a son origine dans le Petit-Rhône ; long de 8 kilomètres, il n'a que 50 centimètres d'eau ; il se continue par le *canal de Peccais* (3 kilomètres, tirant 1ᵐ,50), qui se termine aux salines de Peccais.

Le *canal de Lunel*, long de 11 kilomètres, mène de la ville de Lunel aux canaux de la Radelle et des Étangs ; le tirant est de 1ᵐ,50 à 2 mètres.

Pour le canal Saint-Louis, *V.* p. 12.

IV. — Climat.

Le canton de Trèves et quelques communes de la haute montagne ont le climat du Plateau Central ; partout ailleurs règne le *climat méditerranéen* ou *provençal*, un des plus beaux de la France : le ciel y est presque constamment pur, les chaleurs y sont fortes mais point débilitantes ; les saisons y sont peu tranchées, ou plutôt il n'y a pas de printemps et d'automne, mais plutôt une saison fraîche et comparativement pluvieuse, l'hiver, suivie d'une saison chaude et sèche beaucoup plus longue. La douceur du climat, analogue à celui de Cannes et de Nice, permettrait de cultiver l'oranger en pleine terre si le vent terrible appelé le *mistral*, ne désolait pas le Bas-Languedoc.

Le thermomètre monte à 40 degrés dans les grandes chaleurs ; la moyenne annuelle de Nîmes est d'environ 16 degrés, comme celle de Marseille ; elle est donc supérieure de 5 degrés et demi à celle de Paris. Le nombre des jours de pluie est en moyenne de 53 par an.

Si toute l'eau (pluie ou neige) tombée du ciel pendant l'année restait sur le sol sans être absorbée par la terre ou vaporisée par le soleil, on recueillerait, en moyenne, dans les douze mois, une nappe d'eau profonde de 66 centimètres à Nîmes, de 82 à Alais, de 1ᵐ,50 et au delà au Vigan et dans les croupes élevées des Cévennes (la moyenne de la France est de 77 centimètres). Ces pluies tombent surtout par abats d'eau et quelquefois par trombes.

V. — Curiosités naturelles.

Les *gouffres* ou entonnoirs qui absorbent les eaux des plateaux sont nombreux dans le Gard, mais tous ne sont pas curieux; nous citerons : celui de *Pescantieu* (commune de Brouzet), sur la rive gauche du Brestalou ; les *Espéluques* (près de Dions), immenses excavations naturelles, tapissées de stalactites, et dans lesquelles on descend par une sorte de gouffre aux parois presque perpendiculaires, couvertes de ronces et·d'arbustes ; les *Trois-Abîmes*, à Saint-Maximin ; le *Trou de Laven*, à Méjanne-le-Clap ; les *gouffres de l'Avan, du Frère, de la Sœur*, à Sauve, etc.

Dans les vallées jaillissent un grand nombre de belles *sources*, dont quelques-unes très-abondantes, et qui ramènent au jour les eaux absorbées par les entonnoirs et les fissures des plateaux.

Les *cascades* sont fort communes dans les montagnes de l'arrondissement du Vigan ; mais leur masse d'eau n'est considérable que pendant les grandes pluies. Ce sont les cascades : de l'Albaigne, à Aumessas ; du Mont-Tessonne, à Bez-et-Esparon ; d'Aiguefolle, à Saint-Julien-de-la-Nef ; du Sautadet, à la Roque ; du Bord-Nègre, à Uzès, etc.

Un *pont naturel* existe dans la commune de Corconne.

Les *gorges* se font remarquer par leur profondeur, comme celles de la Vis, de l'Ardèche, de la Cèze, du Gardon au nord de Nîmes, le passage de la Roche-d'Aubais sur le Vidourle.

Les *rochers*, isolés ou en chaînes, remarquables par leur hauteur, leur escarpement, leur couleur, abondent dans tous les districts calcaires du département.

Les *grottes* sont innombrables. Dans celles du Bramabiau, près de Saint-Sauveur-des-Pourcils, un ruisseau s'engouffre au milieu d'énormes blocs de rochers. Signalons aussi la grotte de Mialet, près d'Anduze, et celle des Fées, près de Nîmes.

VI. — Histoire.

Lorsque la Gaule était encore indépendante, les *Volces Aré-comiques*, peuple celtique, occupaient le pays qui forme aujourd'hui le départ. du Gard, où ils paraissent avoir remplacé des tribus ombriennes. Autour de leur capitale, *Namauz* ou *Nemausus* (Nîmes), se groupaient 24 *oppida*, dont les principaux

Temple de Diane, à Nimes.

étaient *Aganticum* (Ganges), *Ambrussum*, *Andutia* (Anduze), *Arrisitum* (Alais ?), *Avicantus* (le Vigan), *Ucetia* (Uzès) et *Ugeruum* (Beaucaire), déjà place forte de premier ordre.

Effrayés par les rapides victoires des Romains sur les Allobroges et les Arvernes, les Arécomiques offrirent aux conquérants, en 121 avant J.-C., leur alliance, c'est-à-dire leur soumission, et trois ans plus tard ils étaient incorporés dans la Province ou Narbonnaise, dont Narbonne fut la capitale.

A vrai dire, c'est de ce moment que date l'histoire de cette contrée, qui a eu le privilége spécial de conserver les traces les plus nombreuses, comme les monuments les plus grandioses, de la civilisation romaine. En l'an 27 avant Jésus-Christ, l'empereur Auguste envoya de nombreuses colonies militaires dans la Narbonnaise, une entre autres à Nîmes. Nîmes fit alors partie de la première Narbonnaise et se trouva sur la grande voie romaine qui conduisait d'Italie en Espagne. Elle-même devint le point de départ de six autres voies romaines. Aucun

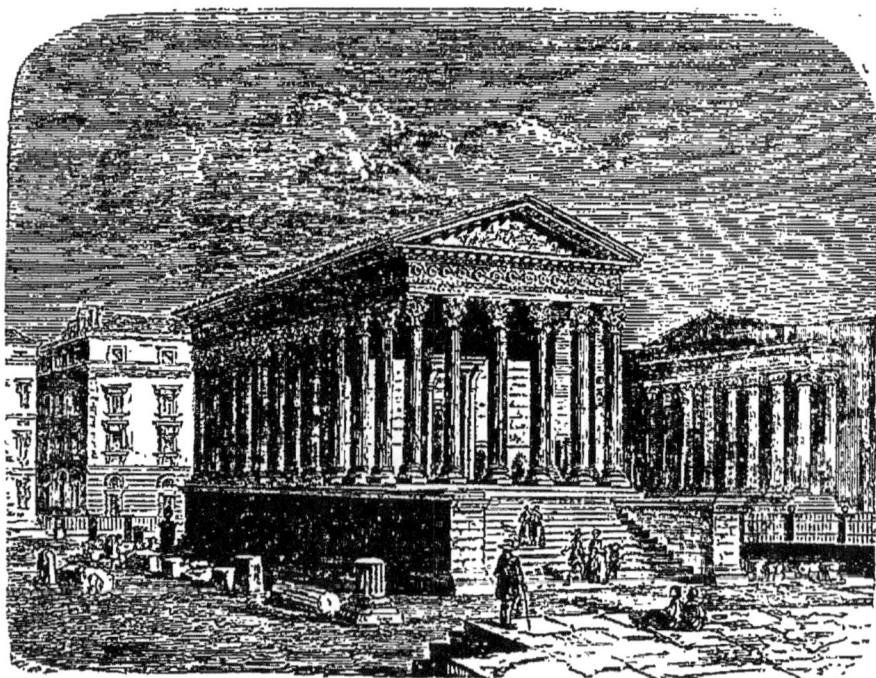

La Maison-Carrée, à Nimes.

point de la France n'a fourni plus de documents, surtout d'inscriptions, pour l'étude des antiquités romaines. Les monuments célèbres de Nîmes datent du siècle des Antonins, car Antonin le Pieux, suivant plusieurs biographes, était né à Nîmes, qui fut certainement le berceau de sa famille. Du reste, Adrien, prédécesseur et père adoptif d'Antonin, avait déjà commencé la construction de l'amphithéâtre et d'un temple, érigé, dit-on, en l'honneur de l'impératrice Plotine, femme de Trajan. Quoi qu'il en soit, les Arènes et la Maison-Carrée attestent, par leurs proportions et leur beauté, l'importance de la ville de Nîmes et l'éclat dont y brillaient les arts.

On ne sait rien de précis sur les débuts du christianisme à Nîmes (il y fut prêché, vers 285, par saint Baudile et saint Honeste); mais, au quatrième siècle, vers 393, l'évêché de Nîmes comprenait tout le pays des Volces Arécomiques et embrassait, outre le département du Gard, une assez grande partie du département de l'Hérault.

Au cinquième siècle, les Wisigoths se répandirent dans le midi de la Gaule, et Nîmes, qui avait d'abord échappé à leur domination, dut la subir à partir de l'année 471 après Jésus-Christ. Elle la subit près de trois siècles.

Les Sarrasins remplacèrent les Goths en Septimanie, après avoir détruit leur puissance en Espagne. Cette fois, les Francs, vainqueurs des Arabes, ne lâchèrent point prise. Après la bataille de Poitiers (732), Charles Martel vint livrer aux Sarrasins, dans la Septimanie, des combats acharnés (737), qui entraînèrent des désastres irréparables. L'animosité des Francs était telle, et leur ignorance encore si grossière que les plus beaux monuments romains ne trouvèrent pas grâce devant eux.

Pépin le Bref poursuivit avec la même opiniâtreté que Charles Martel l'expulsion des Sarrasins et établit enfin dans la Septimanie la domination des Francs (759 après Jésus-Christ). Après le règne de Charlemagne parurent les Normands, qui avaient pénétré par les bouches du Rhône, et qui dévastèrent Arles et Nîmes (858). Conquête récente des Francs, la Septimanie se trouvait rattachée à leur royaume au moment où ce royaume se démembrait, sous les successeurs de Charlemagne, en une foule de principautés et de seigneuries. Elle tendait donc plus encore que les autres provinces à l'indépendance, et le duché de Septimanie fut un des premiers à se constituer libre dès le neuvième siècle.

Au dixième siècle, Nîmes passa, avec la Septimanie, sous l'autorité des comtes de Toulouse, qui les délivrèrent de l'invasion des Hongrois (924). Quoique compris dans le comté de

Toulouse, le territoire de Nîmes, comme celui des autres villes de la Septimanie, formait une seigneurie distincte, une vicomté distincte, appartenant à la maison des Trencavels.

Les guerres féodales devenaient aussi ruineuses pour le pays que les guerres étrangères. Aussi un concile tenu à Saint-Gilles chercha-t-il à arrêter ce fléau et proclama une trêve qui commençait alors à être imposée aux seigneurs, la *trêve de Dieu* (1042). Saint-Gilles occupait, à cause de son abbaye, une place importante dans le monde religieux, et le comte Raymond IV de Toulouse en avait pris le nom. Raymond de Saint-Gilles, l'un des chefs les plus éminents de la première croisade, vint à Nîmes recevoir, en 1096, le pape Urbain II, qui, ayant prêché la guerre sainte à Clermont-Ferrand, tint encore un concile pour le même objet dans l'antique cité romaine.

On rapporte à la même époque et au même sentiment religieux l'établissement d'une confrérie curieuse, celle des *Chevaliers des Arènes*. Les Arènes, que n'avait pu détruire Charles Martel, servaient toujours de forteresse et étaient devenues une véritable ruche, un bourg peuplé de guerriers. Ces hommes se réunirent en corporation sous le nom de Chevaliers du Château des Arènes et s'engagèrent par serment (1100) à défendre le château pendant l'absence du vicomte de Nîmes, parti pour la Terre-Sainte; ils renouvelèrent depuis ce serment à d'autres vicomtes et se réunirent enfin plus tard aux habitants de la cité par une confédération.

Les comtes de Toulouse, jaloux de fortifier les frontières de leurs états du côté de la Provence, dont ils n'étaient séparés que par le Rhône, construisirent, vers le milieu du dixième siècle, sur la croupe d'une haute colline, un château, de forme carrée, que les gens du pays appelèrent le Beau-Carré, dont on fit *Beaucaire*. Une population nombreuse se pressa bientôt au pied de la forteresse, et la province de Languedoc compta une ville de plus, déjà considérable à l'époque de la guerre des Albigeois.

Dans cette guerre terrible, tandis que Nîmes envoyait ses milices contre les Albigeois, Beaucaire se montrait fidèle à la fortune de Raymond VI. Simon de Montfort avait reçu, en 1215, l'investiture des domaines du comte de Toulouse; mais le jeune Raymond VII ne voulut pas se laisser dépouiller ainsi de l'héritage paternel. Il tint la campagne, recouvra Beaucaire, où il se vit bientôt assiégé par le comte de Montfort. Les remparts de Beaucaire devinrent le théâtre d'une lutte acharnée et sanglante, qui est un des épisodes principaux de la guerre des Albigeois, et qu'a racontée en détail l'auteur du *Poëme de la Croisade*, Guillaume de Tudèle. Simon de Montfort n'ayant pu s'emparer de la ville, se retira plein de fureur (1216), car cet échec annonçait le déclin de sa fortune, Raymond VII, pour récompenser la cité qui avait si vaillamment défendu sa juste cause, lui octroya (1217) le privilége d'une foire destinée à devenir une des plus commerçantes de l'Europe.

Nîmes et Beaucaire ne tardèrent pas, d'ailleurs, à être érigées en villes royales par le traité de Meaux (1229), qui attribuait au roi une partie des domaines du comte de Toulouse et réservait le reste pour la dot de la fille de Raymond VII, fiancée à un frère de saint Louis, Alphonse de Poitiers. Le territoire du département du Gard entrait donc, dès le commencement du treizième siècle, dans le domaine royal, et saint Louis ne tarda pas à fixer son attention sur l'un des points du littoral, car il pensait déjà à son expédition d'Égypte. Ayant acquis des marais près desquels existait un village nommé *Aigues-Mortes* à cause des eaux stagnantes qui couvraient le pays, il fit tracer (1237) les rues d'une ville vers laquelle des priviléges attirèrent bientôt des habitants. Puis il fit creuser à travers l'étang un canal de deux lieues qui allait aboutir à la mer. Ce fut donc à Aigues-Mortes que Louis IX se rendit en 1248, avec ses chevaliers, lorsqu'il voulut s'embarquer pour sa première croisade. Il rejoignit sa flotte par le canal qu'il avait fait creuser.

Au quatorzième siècle, la guerre de Cent-Ans vint renouveler les désastres qu'avait occasionnés la guerre des Albigeois. Des bandes de routiers annoncèrent la venue des grandes armées, et, en 1357, après la bataille de Poitiers, les Anglais, ayant envahi le Languedoc, attaquèrent Nîmes. Nîmes leur résista. Mais les routiers, les compagnies ne tardèrent pas à s'emparer de la contrée voisine, qui ne fut délivrée qu'au moment où Du Guesclin fit écouler vers l'Espagne ce torrent dévastateur.

Sous le règne de Charles VI, les exactions scandaleuses du duc de Berri, qui avait pris l'administration de la province du Languedoc, amenèrent la révolte des *tuchins* (1382-1384). Les vengeances exercées par le duc ravivèrent l'agitation, au lieu de l'éteindre, et ses rapines attirèrent même l'attention du roi, qui vint en personne à Nîmes (1389) pour les faire cesser. Quelques années après, la folie de ce pauvre roi replongea la France dans un abîme de maux ; les habitants de Nîmes prirent part à la rivalité des Armagnacs et des Bourguignons : ils tenaient pour les Bourguignons, et les Anglais, soutiens de ce parti, après 1419, dominèrent à Nîmes, mais pour peu de temps, car ils en furent expulsés par le dauphin Charles (1420).

L'ingrat Charles VII, qui avait abandonné Jeanne d'Arc, livra son argentier, Jacques Cœur, à la fureur de ses ennemis, le laissa condamner, dépouiller de ses biens, et ce fut à Beaucaire, au couvent des Cordeliers, que demeura prisonnier pendant deux ans (1454-1456) l'homme qui avait été le plus utile à Charles VII. Jacques Cœur réussit à s'échapper de Beaucaire, où le poursuivait la haine de ses ennemis, et se retira en Italie.

Le quinzième siècle fut pour Nîmes et son territoire une période sinistre, car la peste, qui y avait sévi déjà en 1348, comme dans le reste de l'Europe, renouvela ses ravages en 1490, 1493, 1494 et jusqu'en l'année 1501 et 1507. La prospérité ne tarda pas à revenir, car les guerres s'éloignaient et l'attention du roi François Ier se porta sur ce pays, qu'il eut plusieurs fois l'occasion de traverser. En juillet 1538, il eut une entrevue dans Aigues-Mortes avec Charles-Quint ; la flottille de l'empereur vint mouiller à l'embouchure du canal, et des embarcations légères amenèrent le prince et sa suite sous les murailles de la place. Cette entrevue eut pour résultat une nouvelle trêve signée, quelques mois après, entre le roi et l'empcreur. François Ier, revenant d'Aigues-Mortes, fit un assez long séjour dans Nîmes; il avait pris en Italie le goût des arts ; aussi s'empressa-t-il de restaurer autant qu'il le pouvait les anciens monuments ; en même temps, il encouragea l'installation des premières fabriques d'étoffes de soie.

Les guerres de religion vinrent, sous les fils d'Henri II, troubler profondément ce pays. Nîmes compta bientôt de nombreux partisans des doctrines calvinistes, et un ministre protestant réussit à se faire élever, en 1561, au premier rang des magistrats municipaux. Beaucaire avait, au contraire, repoussé le protestantisme. Une lutte éclata entre les deux cités; les Nîmois finirent par s'emparer de Beaucaire, qui perdit plus de douze cents habitants.

En 1567, les protestants profitent de la seconde guerre civile pour courir sus aux catholiques; une bande, commandée par Pierre de Suan, surnommé le capitaine Bouillargues, fond sur l'hôtel d'un consul, Guy Rochette, puis court à l'évêché, qui est pris et saccagé : des catholiques sont précipités dans des puits. Cette insurrection, appelée la *Michelade* parce qu'elle avait éclaté le jour de la Saint-Michel, s'étendit dans les campagnes voisines. Les protestants s'emparèrent du pouvoir municipal (du consulat) à Nîmes, et ni les victoires des catholiques à Jarnac et à Moncontour, ni la Saint-Barthélemy, ni la Ligue, ne purent le leur enlever.

La paix et la prospérité reparurent après l'édit de Nantes de 1598. L'industrie se développa, et un enfant de Nîmes, Traucat, simple jardinier, dota son pays, vers 1605, du mûrier blanc, dont la culture devint, avec l'éducation des vers à soie, une source de richesse pour cette région. Les désordres cependant recommencèrent sous le règne de Louis XIII ; les protestants du Midi, qui avaient conservé, en vertu de l'édit de Nantes, une organisation politique, se soulevèrent de nouveau, à la voix du duc de Rohan ; le théâtre de cette nouvelle lutte religieuse, qui, avec des intervalles, dura de 1620 à 1629, fut surtout la vallée de la Garonne, et Nîmes n'en ressentit que le contre-coup. Toutefois la petite ville d'Uzès qui, dès le principe, avait accueilli la Réforme avec faveur, se montra très-ardente. En 1621, elle abattit sa vieille cathédrale de Saint-Théodorit dans un accès de fureur iconoclaste dont Louis XIII la punit par la ruine de ses remparts. La ville d'Alais attacha son nom à un traité par lequel le cardinal de Richelieu, tout en privant les protestants de leur organisation politique, leur laissait la liberté de leur culte (1629).

Cependant Louis XIV s'écarta de la politique juste et sage suivie par le cardinal de Richelieu envers les protestants. Peu à peu il leur enleva des droits dont jouissaient les autres citoyens, et enfin, en 1685, il révoqua l'édit de Nantes. En 1696, pour faciliter l'évangélisation catholique, il fonda l'évêché d'Alais. Malheureusement les tentatives de conversion furent accompagnées de vexations odieuses, et les fameuses *dragonnades* exaspérèrent les protestants des Cévennes qui, au commencement du dix-huitième siècle, mirent à leur tête un jeune homme plein de bravoure et de talents, Jean Cavalier, et firent sous sa conduite une guerre de partisans connue sous le nom de guerre des *Camisards*. Le maréchal de Montrevel, envoyé contre eux, se laissa battre près d'Alais, et il fallut la science militaire et l'énergie du maréchal de Villars pour triompher des révoltés, qui ne se soumirent qu'en 1709.

Le dix-huitième siècle s'écoula paisible pour Nîmes et son territoire ; mais l'ardeur dont les habitants avaient toujours fait preuve se manifesta dès les premiers jours de la Révolution française. Les vieilles querelles religieuses se ranimant excitèrent encore les passions politiques, et, en 1790, il y eut à Nîmes un massacre des catholiques.

Beaucaire se montra hostile à la Révolution et, en 1793, envoya des secours à l'armée royaliste du Midi. Ce fut un bataillon commandé par le lieutenant Napoléon Bonaparte, qui ramena Beaucaire dans le devoir. A Nîmes, le système terroriste organisé à Paris fut appliqué ; l'échafaud fut dressé, et trente et une exécutions eurent lieu.

Mais ce fut surtout en 1815 que Nîmes eut à souffrir ; la réaction royaliste y fut sanglante, et compte, dans l'histoire générale, comme un des plus tristes épisodes de la Terreur blanche , (juillet-août 1815). Il fallut l'intervention du duc d'Angoulème pour faire cesser les massacres; mais les protecteurs de Trestaillons, qu'on avait arrêté, réclamaient sa liberté et entretenaient l'agitation. Après le départ du duc d'Angoulème, l'émeute recommença. Le 12 nov. 1815, les protestants rouvraient leurs temples ; ils ne tardèrent pas à être assaillis par une foule menaçante. Le général Lagarde, accouru pour protéger les protestants, fut assassiné. Il fallut que le duc d'Angoulème revînt pour rétablir l'ordre et le calme.

VII. — Personnages célèbres.

Premier siècle. — DOMITIUS AFER, né à Nîmes vers l'an 15 av. J.-C., mort en 59; grand orateur et maître de Quintilien.

Quatrième siècle. — SAINT CASTOR, évêque d'Apt, né à Nîmes, mort en 419.

Treizième siècle. — RAYMOND VII, comte de Toulouse, né à Beaucaire, mort en 1249. — GUI FOULQUES, ou FOUQUET, né à Saint-Gilles, pape en 1265 sous le nom de CLÉMENT IV, mort en 1268. — PIERRE CARDINAL, troubadour, mort en 1306, né selon les uns à Beaucaire, selon d'autres près du Puy-en-Velay.

Seizième siècle. — GABRIEL DE LUITZ, baron D'ARAMON, diplomate, mort en 1553. — JEAN NICOT, seigneur DE VILLEMAIN, érudit, diplomate, né à Nîmes en 1530, mort en 1600. Il est surtout connu pour avoir le premier apporté en France la plante du tabac. — MATHIEU MERLE (1548-1590), terrible capitaine calviniste, né à Uzès. — GUILLAUME REBOUL (1560-1611), pamphlétaire, né à Nîmes, exécuté à Rome pour avoir publié contre le pape une violente satire.

Dix-septième siècle. — CHARLES, marquis D'ALBERT, duc DE LUYNES, connétable de France, né en 1578 à Pont-Saint-Esprit, mort en 1621.— Le maréchal DE THOIRAS (1585-1636), qui s'illustra par la défense de Casal, né à St-Jean-du-Gard. — CLAUDE BROUSSON (1647-1698), missionnaire protestant, pendu à Montpellier ; né à Nîmes. — L'abbé CASSAGNE (1636-

1679), prédicateur, né à Nîmes. — RENAUD LEVIEUX, peintre d'histoire, né à Nîmes, florissait sous Louis XIV. — Les chefs camisards LA PORTE, dit ROLAND (1675-1704), né au Mas-Soubeyran et ABRAHAM MAZEL, né à Saint-Jean-du-Gard.

Dix-huitième siècle. — JACQUES SAURIN (1677-1730), célèbre prédicateur protestant, né à Nîmes. — JEAN ASTRUC (1684-

Statue du chevalier d'Assas, au Vigan.

1766), savant médecin et naturaliste. — JEAN CAVALIER (1689-1740), le plus célèbre et le plus habile des chefs camisards, né à Ribaute. — ALPHONSE DE VIGNOLLES, érudit protestant, né à Aubais, mort en 1744. — BARTHÉLEMY GUIBAL (1699-1757), sculpteur, né à Nîmes. — PIERRE SUBLEYRAS (1699-1749), peintre et graveur, né à Uzès. — FIRMIN ABAUZIT (1679-1767), érudit prote.tant, né à Uzès. — Le peintre NATOIRE (1700-1777), né à Nîmes. — Le chevalier NICOLAS D'ASSAS, capitaine au régiment d'Auvergne, qui se fit tuer pour empêcher l'armée française d'être surprise par l'ennemi près de Klostercamp, en 1760. — L'éloquent prédicateur JACQUES BRIDAINE (1701-1767), né à Chusclan. — ANTOINE DÉPARCIEUX (1703-1768), géomètre et ingénieur, né à Cessoux. — J.-FR. SÉGUIER (1703-1784), antiquaire, botaniste, astronome, né à Nîmes. — AUG. PELET (1705-1785), antiquaire, né à Nîmes. — Le marquis DE MONTCALM DE SAINT-VÉRAN (1712-1759), né au château de Candiac (com. de Vestric), le défenseur du Canada, mort d'une blessure reçue devant Québec. — COURT DE GÉBELIN (1725-1784), érudit, né à Nîmes. — LA BEAUMELLE (1727-1773), littérateur et critique; né à Valleraugue. — PAUL RABAUT SAINT-ÉTIENNE, pasteur, écrivain et homme politique, né à Nîmes en 1743, mort sur l'échafaud en 1793. — ANTOINE DE TEISSIER, baron DE MARGUERITTES, né en 1744, membre de l'assemblée des Notables en 1787, député de la Noblesse en 1789, exécuté en 1794. — MICHEL DE CUBIÈRES (1752-1820), littérateur, né à Roquemaure. — Son frère SIMON-LOUIS-PIERRE (1747-1821), agronome et naturaliste. — ALEX. PIEYRE, littérateur, né à Nîmes (1752-1830). — JEAN-PIERRE-CLARIS DE FLORIAN (1755-1794), littérateur, fabuliste, charmant conteur, né au château de Florian, commune de Logrian. — L'amiral FRANÇOIS-PAUL BRUEYS D'AIGALLIERS (1753-1798), né à Uzès, tué au combat naval d'Aboukir. — ANTOINE, comte DE RIVAROL (1753-1801), né à Bagnols; écrivain célèbre par ses saillies et sa verve mordante.

Dix-neuvième siècle. — PELET, dit DE LA LOZÈRE, membre de la Convention, puis du Conseil des Cinq-Cents, préfet, conseiller d'État, pair de France, né à Saint-Jean-du-Gard (1759-1842). — XAVIER SIGALON (1788-1837), habile peintre d'histoire, né à Uzès. — J.-B. TESTE (1780-1852), avocat, homme politique, né à Bagnols. — CRÉMIEUX (1796-1880), homme politique, né à Nîmes. — MARTIN-PASCHOUD (1802-1873), pasteur protestant, né à Nîmes. — JULES CANONGE (1812-1870), poète et érudit, né à Nîmes. — GUIZOT, homme d'État, historien, membre de l'Institut, né à Nîmes en 1787, mort au Val-Richer (Calvados) en 1874. — JEAN REBOUL (1796-1864), boulanger, poète, né à Nîmes. — JEAN-BAPTISTE DUMAS (1800-1884), chimiste, membre de l'Institut, né à Alais. — M. DE QUATREFAGES, naturaliste, membre de l'Institut, né en 1810 à Berthezène, près de Valleraugue. — ALPHONSE DAUDET, littérateur, né à Nîmes, en 1840. — MADIER DE MONTJAU, homme politique, né à Nîmes en 1814. — GASTON BOISSIER, érudit, membre de l'Académie française, né à Nîmes en 1823.

VIII. — Population, langues, cultes, instruction publique.

La *population* du Gard s'élève, d'après le recensement de 1886, à 417,099 hab. A ce point de vue, c'est le 33e départ. Le chiffre des hab. divisé par celui des hect. donne environ 71 hab. (celle de la France entière est de 73) par 100 hect. ou par kil. carré; c'est ce qu'on nomme la *population spécifique*. Sous ce rapport, le Gard est le 24e départ.

Depuis 1801, date du premier recensement officiel, le Gard a gagné 116,955 habitants.

Les habitants parlent généralement le languedocien, véritable idiome dérivé du latin, ou venu parallèlement avec lui, mais qui a conservé quelques mots celtiques et grecs. Cet idiome ressemble d'autant plus à l'espagnol ou à l'italien qu'on se rapproche des contrées où se parlent ces langues.

La majorité de la population est catholique; mais pour le nombre proportionnel des protestants par rapport aux catholiques, le Gard est le premier département. On y compte 119,000 protestants (18 églises consistoriales et 90 paroisses), et 450 israélites presque tous à Nîmes.

Le nombre des *naissances* a été, en 1889, de 9,870 (plus 423 mort-nés); celui des *décès*, de 10,325; celui des *mariages*, de 3,021.

La *vie moyenne* est de 32 ans 5 mois.

Le *lycée* de Nîmes a compté, en 1886-1887, 736 élèves; les *collèges* d'Alais, de Bagnols et d'Uzès, 357; 11 *institutions*

GARD.

secondaires libres, 841 ; 995 *écoles primaires*, 57,465 *élèves ;*
103 *écoles maternelles*, 12,251 ; les *cours d'adultes*, 2,104.

Sur 17 accusés de crime, en 1886, on a compté :

Accusés ne sachant ni lire ni écrire.	5
— sachant lire et écrire.	11
— ayant reçu une instruction supérieure.	1

IX. — Divisions administratives.

Le département du Gard forme le dio cèse de Nîmes (suf-
fragant d'Avignon), — les 5e et 8e subdivisions de la 15e région militaire (Marseille). — Il ressortit : à la cour d'appel de
Nîmes ; — à l'Académie de Montpellier ; — à la 15e légion
de gendarmerie (Marseille); — à la 8e inspection des ponts et
chaussées ; — à la 27e conservation des forêts (Nîmes); — à
la 11e région agricole (sud) ; — à l'arrond. minéralogique
d'Alais (division du Sud-Est). — Il comprend 4 arrondisse-
ments (Alais, Nîmes, Uzès, le Vigan), 40 cantons, 350 com.

Chef-lieu du département : NIMES.
Chefs-lieux d'arrondissement : ALAIS, NÎMES, UZÈS, LE
VIGAN.

Arrondissement d'Alais (11 cant.; 100 com.; 128,993 h.; 131,512 hect.).
Canton Est d'Alais (11 com. ; 20,392 h.; 15,227 hect.) — Alais (Est) —
Méjanne-lès-Alais — Mons — Plans (Les) — Rousson — Saint-Hilaire-de-
Brethmas — Saint-Julien-de-Valgalgues — Saint-Martin-de-Valgalgues —
Saint-Privat-des-Vieux — Salindres — Servas.
Canton Ouest d'Alais (6 com.; 15,882 h.; 8,802 hect.) — Alais
(Ouest) — Cendras — Saint-Christol — Saint-Jean-du-Pin — Saint-Paul-
la-Coste — Soustelle.
Canton d'Anduze (8 com.; 8,323 h.; 10,835 hect.) — Anduze — Ba-
gard — Boisset - et - Gaujac — Générargues — Massillargues - Attuech —
Ribaute — Saint-Sébastien — Tornac.
Canton de Barjac (7 com.; 4,739 h.; 14,045 hect.) — Barjac — Mé-
jannes-le-Clap — Rivières — Rochegude — Saint-Jean-de-Maruéjols-et-
Avejan — Saint-Privat-de-Champclos — Tharaux.
Canton de Bessèges (5 com.; 19,238 h.; 5,324 hect.) — Bessèges —
Bordezac — Castillon-de-Gagnières — Peyremale — Robiac.
Canton de Génolhac (11 com.; 11,893 h.; 19,075 hect.) — Aujac —

Bonnevaux-et-Hiverne — Chambon — Chamborigaud — Concoules — Génolhac — Malons-et-Elze — Ponteils-et-Brésis — Portes — Sénéchas — Vernarède (La).

Canton de la Grand-Combe (6 com.; 16,846 h.; 9,342 hect.) — Branoux — Grand-Combe (La) — Lamelouze — Laval — Sainte-Cécile-d'Andorge — Salles-du-Gardon (Les).

Canton de Lédignan (12 com.; 4,117 h.; 8,640 hect.) — Aigremont — Boucoiran-et-Nozières — Cardet — Cassagnoles — Domessargues — Lédignan — Lézan — Maruéjols-lès-Gardon — Massannes — Mauressargues — Saint-Benezet — Saint-Jean-de-Serres.

Canton de Saint-Ambroix (15 com.; 16,864 h.; 1,747 hect.) — Allègre — Bouquet — Courry — Mages (Les) — Meyrannes — Molières-sur-Cèze — Navacelles — Potelières — Saint-Ambroix — Saint-Brès — Saint-Denis — Saint-Florens — Saint-Jean-de-Valériscle — Saint-Julien-de-Cassagnas — Saint-Victor-de-Malcap.

Canton de Saint-Jean-du-Gard (3 com.; 4,919 h.; 7,568 hect.) — Corbès — Mialet — Saint-Jean-du-Gard.

Canton de Vézénobres (17 com.; 5,813 h.; 15,703 hect.) — Brignon — Brouzet — Castelnau-Valence — Cruviers-Lascours — Deaux — Euzet — Martignargues — Monteils — Ners — Saint-Césaire-de-Gauzignan — Saint-Etienne-de-Lolm — Saint-Hippolyte-de-Caton — Saint-Jean-de-Ceyrargues — Saint-Just-et-Vacquières — Saint-Maurice-de-Cazevieille — Seynes — Vézénobres.

Arrondissement de Nîmes (11 cant.; 74 com.; 156,772 h.; 162,876 hect.).

Canton d'Aigues-Mortes (3 com.; 6,863 h.; 18,685 hect.) — Aigues-Mortes — Le Grau-du-Roi — Saint-Laurent-d'Aigouze.

Canton d'Aramon (10 com.; 11,183 h.; 13,080 hect.) — Aramon — Comps — Domazan — Estézargues — Meynes — Montfrin — Saint-Bonnet — Sernhac — Théziers — Vallabrègues.

Canton de Beaucaire (4 com.; 15,050 h.; 19,233 hect.) — Beaucaire — Bellegarde — Fourques — Jonquières-et-Saint-Vincent.

Canton de Marguerittes (8 com.; 7,063 h.; 13,213 hect.) — Bezouce — Cabrières — Lédenon — Manduel — Marguerittes — Poulx — Redessan — Saint-Gervasy.

Premier canton de Nîmes (2 com.; 26,041 h.; 25,125 hect.) — Milhaud — Nîmes (1er canton).

Deuxième canton de Nîmes (1 com.; 23,536 hab.; 22,570 hect.) — Nîmes (2e canton).

Troisième canton de Nîmes (3 com.; 25,090 h.; 18,296 hect.) — Bouillargues — Garons — Nîmes (3e canton).

Canton de Saint-Gilles (2 com.; 7,354 h.; 17,791 hect.) — Générac — Saint-Gilles.

Canton de Saint-Mamert (13 com.; 5,032 h.; 15,877 hect.) — Caveirac — Clarensac — Combas — Crespian — Fons — Gajan — Montmirat — Montpezat — Moulézan-et-Montagnac — Parignargues — Saint-Bauzely — Saint-Côme-et-Maruéjols — Saint-Mamert.

Canton de Sommières (18 com.; 13,523 h.; 17,126 hect.) — Aigues-Vives — Aspères — Aubais — Aujargues — Boissières — Calvisson — Congeniès — Fontanès — Junas — Langlade — Lecques — Nages-et-Solorgues — Saint-Clément — Saint-Dionisy — Salinelles — Sommières — Souvignargues — Villevieille.

Canton de Vauvert (12 com.; 16,040 h.; 25,893 hect.) — Aimargues — Aubord — Beauvoisin — Bernis — Cailar (Le) — Codognan — Grand-Gallargues — Mus — Uchaud — Vauvert — Vergèze — Vestric-et-Candiac.

Arrondissement d'Uzès (8 cant.; 99 com.; 74,466 h.; 148,058 hect.)

Canton de Bagnols (17 com.; 14,207 h.; 22,446 hect.) — Bagnols — Cavillargues — Chusclan — Codolet — Connaux — Gaujac — Orsan — Pin (Le) — Roque (La) — Sabran — Saint-Etienne-des-Sorts — Saint-Gervais — Saint-Michel-d'Euzet — Saint-Nazaire — Saint-Pons-la-Calm — Tresques — Vénéjan.

Canton de Lussan (12 com.; 5,390 h.; 19,806 hect.) — Belvezet — Bastide-d'Engras (La) — Bruguière (La) — Fons-sur-Lussan — Fontarèche — Lussan — Pougnadoresse — Saint-André-d'Olérargues — Saint-Laurent-la-Vernède — Saint-Marcel-de-Careiret — Vallérargues — Verfeuil.

Canton de Pont-Saint-Esprit (16 com.; 13,554 h.; 24,170 hect.) — Aiguèze — Carsan — Cornillon — Garn (Le) — Goudargues — Issirac — Laval-Saint-Roman — Montclus — Pont-Saint-Esprit — Saint-Alexandre — Saint-André-de-Roquepertuis — Saint-Christol-de-Rodières — Saint-Julien-de-Peyrolas — Saint-Laurent-de-Carnols — Saint-Paulet-de-Caisson — Salazac.

Canton de Remoulins (9 com.; 5,462 h.; 14,132 hect.) — Argilliers — Castillon-du-Gard — Collias — Fournès — Pouzilhac — Remoulins — Saint-Hilaire-d'Ozilhan — Valliguières — Vers.

Canton de Roquemaure (9 com.; 10,309 h.; 15,846 hect.) — Laudun — Lirac — Montfaucon — Roquemaure — Saint-Geniès-de-Comolas — Saint-Laurent-des-Arbres — Saint-Victor-la-Coste — Sauveterre — Tavel.

Canton de Saint-Chaptes (16 com.; 7,168 h.; 17,711 hect.) — Aubussargues — Baron — Bourdic — Calmette (La) — Collorgues — Dions — Foissac — Garrigues-et-Sainte-Eulalie. — Montignargues — Moussac — Rivière (La) — Sainte-Anastasie — Saint-Chaptes — Saint-Dézery — Saint-Geniès-de-Malgoires — Sauzet.

Canton d'Uzès (15 com.; 12,771 h.; 23,300 hect.) — Aigaliers — Arpaillargues-et-Aureillac — Blauzac — Capelle-et-Masmolène (La) — Flaux — Montaren-et-Saint-Médiers — Saint-Hippolyte-de-Montaigu — Saint-Maximin — Saint-Quentin — Saint-Siffret — Saint-Victor-des-Oules — Sanilhac-et-Sagriès — Serviers-et-Labaume — Uzès — Vallabrix.

Canton de Villeneuve-lès-Avignon (5 com.; 5,605 h.; 10,647 hect.) — Angles (Les) — Pujaut — Rochefort — Saze — Villeneuve-lès-Avignon.

Arrondissement du Vigan (10 cant.; 77 com.; 56,868 h.; 139,190 hect.).

Canton d'Alzon (6 com.; 5,014 h.; 16,663 hect.) — Alzon — Arrigas — Aumessas — Blandas — Campestre-et-Luc — Vissec.

Canton de Lasalle (9 com.; 5,452 h.; 12,735 hect.) — Colognac —

Lasalle — Monoblet — Saint-Bonnet — Sainte-Croix-de-Caderle — Saint-Félix-de-Pallières — Soudorgues — Thoiras — Vabres.

Canton de Quissac (12 com.; 4,053 h.; 13,974 hect.) — Bragassargues — Brouzet — Cannes-et-Clairan — Carnas — Corconne — Gailhan — Liouc — Orthoux-et-Quilhan — Quissac — Saint-Théodorit — Sardan — Vic-le-Fesq.

Canton de Saint-André-de-Valborgne (5 com.; 3,869 h.; 11,931 hect.) — Estréchure (L') — Peyroles — Plantiers (Les) — Saint-André-de-Valborgne — Saumane.

Canton de Saint-Hippolyte-du-Fort (6 com.; 6,253 h.; 12,509 hect.) — Cadière (La) — Cambo — Conqueyrac — Cros — Pompignan — Saint-Hippolyte-du-Fort.

Canton de Sauve (9 com.; 4,331 h.; 9,635 hect.) — Canaules-et-Argentières — Durfort-et-Saint-Martin-de-Sossenac — Fressac — Logrian-et-Comiac-de-Florian — Puechredon — Saint-Jean-de-Crieulon — Saint-Nazaire-des-Gardies — Sauve — Savignargues.

Canton de Sumène (8 com.; 6,104 h.; 11,352 hect.) — Cézas — Roquedur — Saint-Bresson — Saint-Julien-de-la-Nef — Saint-Laurent-le-Minier — Saint-Martial — Saint-Roman-de-Codières — Sumène.

Canton de Trèves (6 com.; 3,505 h.; 20,320 hect.) — Causse-Bégon — Dourbies — Lanuéjols — Revens — St-Sauveur-des-Pourcils — Trèves.

Canton de Valleraugue (3 com.; 5,416 h.; 11,662 hect.) — Rouvière (La) — Saint-André-de-Majencoules — Valleraugue.

Canton du Vigan (13 com.; 12,891 h.; 18,409 hect.) — Arphi — Arre — Aulas — Avèze — Bez-et-Esparon — Bréau-et-Salagosse — Mandagout — Mars — Molières — Montdardier — Pomiers — Rogues — Vigan (Le).

X. — Agriculture; productions.

Sur les 588,000 hectares du département on compte :

Terres labourables.	117,927	hectares.
Prés.	14,880	—
Vignes.	41,142	—
Bois.	48,974	—
Pâturages et pacages.	37,815	—
Terres incultes	122,949	—
Superficies bâties, voies de transport, etc.	54,209	—

En 1889, on comptait dans le département 21,589 chevaux, généralement de petite taille; 15,406 mulets, 2,978 ânes, 8,367 animaux de l'espèce bovine (belles vaches noires); 372,837 moutons, estimés pour la finesse de leur toison (10,114 quintaux de laine en 1889); 48,320 porcs et 29,070 chèvres. 15,229 ruches ont donné, en 1889, 38,309 kilogrammes de miel et 12,881 de cire. Enfin, malgré la maladie des **vers à soie**, le Gard est en tête des départements pour la production séricicole, qui est surtout développée dans les com. d'Alais, Anduze, St-Jean-du-Gard, St-André-de-Valborgne,

St-Hippolyte, Valleraugue, etc.; ce départ. fournit à lui seul plus du quart des cocons de la France entière; mais pour les fileries il est dépassé par l'Ardèche. En 1889, il a produit 2,162,352 kilog. de cocons.

Le sol est des plus fertiles en productions de toutes espèces. Le meilleur *froment* provient des environs de Saint-Gilles et d'Uzès. Mais on récolte presque partout une grande quantité de *pommes de terre*, de fèves, de pois chiches, de lentilles, d'*avoine*, de *maïs*, de millet, d'*orge*, de *seigle*, etc. Les bords du Gardon, de la Cèze et du Vidourle offrent de belles *prairies naturelles* (9,000 hect.). Le sud du départ. est couvert de *prairies artificielles* (8,000 hect.). La luzerne, le *trèfle* et le *sainfoin* sont cultivés principalement dans les com. de Nîmes, d'Aigues-Mortes et sur les bords du Rhône.

Malheureusement une vaste étendue de territoire, à l'extrémité méridionale du département, est inculte et occupée en grande partie par des marais; région désolée, étrange, dont on peut se faire une idée en parcourant les environs d'Aigues-Mortes, peuplés de reptiles venimeux, d'insectes de toutes sortes, d'oiseaux aquatiques, de taureaux sauvages, de chevaux errant en liberté, et qui offrent un aspect unique en France. L'œil n'y découvre qu'une vaste étendue où s'élèvent quelques bois de pins et qu'entrecoupent des marais, des étangs, des lisières de sable et des landes humides.

Le Gard a eu beaucoup à souffrir du phylloxera, de 1872 à 1880. Un grand nombre de vignerons avaient quitté le départ. pour aller en Algérie, où ils ont introduit la culture de la vigne, et les commerçants qui vivaient de l'achat et de la vente des vins étaient allés s'installer à Narbonne et à Béziers. Les uns et les autres sont revenus depuis la reconstitution des vignes (le vignoble le plus productif s'étend dans les com. d'Aigues-Mortes et de St-Laurent-d'Aigouze), dont l'étendue pourra même doubler si l'on continue quelques années encore la plantation et les greffages. Aujourd'hui la récolte annuelle s'élève à environ 2 millions d'hectol. Nîmes est pour ainsi dire le quartier général où affluent les produits vinicoles de la Camargue, de l'arr. d'Arles, de la côte du Rhône et de la partie de l'Hérault qui longe le Vidourle.

En effet, grâce aux plantations qui ont si bien réussi dans les terrains sablonneux d'Aigues-Mortes, grâce aussi à la submersion des vignobles, le département a vu renaître cette source importante de sa richesse agricole, que doublera peut-être un jour l'exécution du canal dérivé du Rhône. Ce canal, dont la prise d'eau serait sur la rive dr. du fleuve, déverserait sur les territoires du Gard la majeure partie des 23 mèt. cubes par seconde qu'il emprunterait au Rhône. Il traverserait le départ. de l'est au sud-ouest

en décrivant de nombreux méandres, puis en sortira près de Salinelles pour entrer dans l'Hérault.

Le territoire est couvert de nombreux *arbres fruitiers*, tels que
figuiers, abricotiers, cerisiers, pêchers, cognassiers, poiriers, aman-
diers, grenadiers, arbousiers, pommiers, etc. Les pommes de reinette
du Vigan sont renommées. Les *oliviers* (9,000 hectares) sont plantés
surtout sur les coteaux exposés au midi, et aussi dans les vignes-
olivettes et sur la lisière des champs. Les meilleures huiles viennent
d'Aramon, de Saint-Bonnet, Saint-Gervasy et d'Uzès. Le *mûrier* est
cultivé en grand principalement dans les Cévennes ; les feuilles
servent à la nourriture des vers à soie. Les *châtaignes* sont une
grande ressource pour l'habitant des Cévennes. Le mimosa et le pal-
mier viennent en pleine terre.

Aux environs d'Uzès se récoltent des *truffes* noires estimées.

Outre les plantes médicinales et tinctoriales qui croissent naturel-
lement, nous citerons la *garance* et la *maurelle*, qui est cultivée
aux environs de Gallargues.

En 1889, on a récolté dans le département 688,643 hectolitres
de froment, 7,809 de méteil, 34,033 de seigle, 89,298 d'orge,
1,793 de sarrasin, 11,091 de maïs, 62,667 de millet, 398,504
d'avoine, 619,005 quintaux de pommes de terre, 95,311 de bette-
raves fourragères, 25,091 de trèfle, 489,672 de luzerne, 306,518 de
sainfoin, 426,311 de foin et (en 1890) 1,626,462 hectolitres de vin.

Le Gard comprend une grande étendue de bois, dont une très
faible partie (3,238 hect.) appartient à l'État, et le reste (45,736 hect.)
aux communes. Les principales **forêts** sont : la *Sylve-Godesque*, forêt
de pins maritimes au sud-ouest de Saint-Gilles ; la forêt de Miquel,
sur la montagne de l'Espérou, et celle de l'Aigoual, situées toutes
deux dans la commune de Valleraugue ; la forêt de l'Agre, commune
de Saint-Sauveur-des-Pourcils ; la forêt domaniale de la chartreuse
de Valbonne ; les forêts de Montaren et de Serviers ; les bois de
Montclus et de Goudargues ; la forêt de Portes ; les bois de Seynes et
de Bouquet ; les bois de Campagnes et de Signan, près de Nîmes ; le
bois de Valaurie, près d'Anduze. Ces forêts, qui se composent principalement de pins, de chênes, de hêtres et de sapins, produisent
diverses variétés de plantes tinctoriales et médicinales. Dans les
forêts de chênes nains notamment, on voit sur les arbres un insecte,
le kermès, qui fournit un rouge préférable à la cochenille.

XI. — Industrie, mines, sources minérales.

Le département du Gard est un des plus riches de la France par ses ressources naturelles et par celles qu'a su produire le travail de ses habitants : ses mines de houille lui donnent le 3ᵐᵉ rang pour la production des combustibles (après celles de Valenciennes et de la Loire); ses salines ne le cèdent en importance qu'à celles de l'Hérault; il est le 7ᵐᵉ dép. pour la fabrication des fers. Toutefois l'industrie subit, comme l'agriculture, bien qu'avec moins d'intensité, une crise qui tend à déplacer quelques foyers de travail ou à remplacer toutes les branches se rapportant à la viticulture.

Le département du Gard possède, à Bessèges et à la Grand-Combe, deux des principaux centres de la production de la **houille** en France. A ces deux grands bassins, qui sont compris dans le bassin minéral d'Alais et qui se prolongent dans l'Ardèche et dans la Lozère, il faut joindre, près du Vigan, les petits bassins de Cavaillac et de Coularou celui de Lanuéjols, etc. Le bassin minéralogique dont Alais est le centre s'étend sur 250 kil. carrés, pour le seul bassin du Gardon, et sur 400 kil. carrés si l'on y joint celui de la Cèze. Il produit annuellement quatorze millions de quintaux métriques de houille, 6,000 tonnes de lignite, 15,000 tonnes de pyrite de fer; 8,000 quintaux métriques d'asphalte en pains; 375,000 quintaux métriques de fonte; 250,000 quintaux métriques de fer et de tôles; 3 millions de kilogrammes de plomb d'œuvre; 5,000 quintaux métriques de zinc. Le terrain offre toutes les variétés de houille, depuis la houille collante, comparable aux plus grasses de Saint-Étienne et de Rive-de-Gier, jusqu'à la houille sèche et flamboyante, semblable à celle des environs de Mons. Le terrain houiller d'Alais est partagé en 18 concessions. Le charbon d'Alais paraît destiné à approvisionner la plus grande partie du Midi et à chasser de Marseille, de Toulon et d'Algérie les charbons anglais, qui y parviennent à des prix moins élevés que les charbons français, malgré les détours que doivent faire les navires britanniques en passant par Gibraltar. C'est pour arriver à ce résultat qu'a été construit le chemin de fer d'Alais au Rhône, qui apporte directement les houilles sur les bords du fleuve, où elles sont embarquées pour Arles et Marseille, à des conditions de bon marché qu'aucune entreprise ne peut atteindre ou du moins dépasser.

Bessèges est le centre du bassin houiller de la Cèze. Ces mines sont malheureusement situées à une grande profondeur (200 mètres environ); mais, en revanche, des sondages ont démontré que le bassin s'étend dans toute la haute vallée de la Cèze, et dans une partie des régions montagneuses du sud du départ. de l'Ardèche.

Il existe dans le département 50 concessions de mines de houille ou de lignite, dont 20 seulement sont exploitées. Les exploitations en activité sont celles d'Allègre, d'Auzon, Aigaliers, de Barjac, Bessègeset-Lalle, Bordezac, Cavaillac, Cavillargues, Célas, Connaux, Figon, Gaujac, Goudargues, la Grand-Combe, Laudun, du Mas-de-Carrières, des Mages, de Massepas, Montaren, du Pin, de Portes, Provençal, Robiac-et-Meyrannes, Saint-André-d'Olérargues, Saint-Germain-d'Alais, Saint-Jean-de-Valériscle, Saint-Julien-de-Peyrolas, Saint-Laurent-de-la-Vernède, Serviers, Solan, Soulanon, la Tabernolle, la Terline, Trélys, Tresque, Vénéjan, la Veyre et des Veyrières. D'après M. E. Dumas, le bassin houiller méridional possède 20 couches, dont l'épaisseur totale serait de 40 mètres; le bassin de la Cèze n'aurait que 12 couches ayant ensemble 16 mètres d'épaisseur. En 1890, l'extraction de la houille, de l'anthracite ou du lignite s'est élevée à 2,030,343 tonnes. Le nombre des ouvriers mineurs est de 10,700.

Des *mines de bitume* sont utilisées au Puech, commune d'Allègre, à Servas, Saint-Jean-de-Maruéjols, Saint-Julien-de-Valgalgues, Mons, Salindres, etc.

L'arrondissement d'Alais possède de riches **mines de fer.** « Le minerai de fer (fer pur ou fer sulfuré) se montre à la surface du sol, sur une multitude de points et presque toujours dans le voisinage des couches houillères. Tantôt il se présente sous des formes concrétionnées, tantôt pulvérulent, ocreux, d'un rouge vif ou d'un jaune éclatant. » Ces ocres, délayées par les eaux, colorent presque toutes les rivières et les ruisseaux des environs d'Alais. Les mines exploitées sont celles d'Adams, de Bordezac, Cendras, des Deux-Jumeaux, de Pallières-et-la-Gravouillère, Saint-Félix, Saint-Florens, Robiac-et-Meyranne, Saint-Jean-du-Pin, St-Julien-de-Valgalgues et du Soulier.

Des mines d'or et d'argent ont été découvertes au pied du pic d'Anjeau, sur le territoire de Saint-Laurent-le-Minier. Les habitants de Salles-de-Gagnères se livrent au lavage des sables aurifères.

Des *mines d'antimoine* d'Auzonnet (communes de Portes, Robiac et Saint-Florens), de Frayssinet (commune de Peyremale) et du Martinet-de-Villeneuve (commune de Saint-Paul-la-Coste), cette dernière est la seule exploitée (antimoine sulfuré).

L'*argent*, le *plomb*, le *cuivre*, le *zinc*, seuls, associés ensemble ou à des pyrites de fer, se rencontrent dans un grand nombre de communes de l'arrondissement d'Alais et sur plusieurs points dans celui du Vigan. Mais les seules concessions exploitées sont celles de Pallières, Rousson, de Saint-Félix (près d'Alais), de Saint-Jean-du-Pin, Thoiras, Salindres et du Soulier (près de Saint-Martin-de-Valgalgues). — On trouve du *manganèse* et du *kaolin* à Saint-Jean-du-Gard.

A Salinelles existe une carrière de carbonate de magnésie dont les produits s'emploient pour détacher les étoffes.

Les *marais salants*, au nombre de 9, ont une superficie totale de

11,500 hectares. Six sont exploités, ceux *de l'Abbé, de Faujoux, Gaujouze, Marette, Perrier* et *Repausset*. L'extraction du sel (750 ouvriers) s'est élevée en 1886 à 50,738 tonnes, d'une valeur de 955,808 francs.

Les **sources minérales** principalement utilisées sont celles de Cauvalat, de Fonsange et d'Euzet. L'établissement thermal de *Cauvalat*, situé à 2 kil. du Vigan, utilise en boisson, bains, douches, etc., 4 sources froides, sulfurées, calciques, excitantes des fonctions de la peau et des muqueuses, indiquées dans les maladies de la peau, le rhumatisme, les affections catarrhales, etc. — Les eaux sulfureuses de *Fonsange*, dans la commune de Quissac, fournies par une source intermittente, réussissent dans les névralgies, les catarrhes chroniques et les maladies de la peau. — Les eaux d'*Euzet*, froides, sulfurées calciques, sont employées dans certaines affections des voies aériennes, du foie, de l'estomac et de la peau. — Les autres sources minérales du départ. sont : celles des *Bouillens* (près de Vergèze) ; les eaux froides, hydrosulfurées calciques et bitumineuses des *Fumades*, com. d'Allègre ; les sources d'Alais, de Barjac, Bouillargues, Saint-Hippolyte-de-Caton ; celle de Saint-Jean-de-Ceyrargues ; enfin les sources de Meynes et de Montfrin.

Il existe des *carrières de marbre* à Avèze ; celles de Saint-Brès fournissent un marbre gris bleuâtre ; celui de Collias est de couleur jaune clair. Générargues possède une carrière de porphyre. Les *pierres lithographiques* viennent d'Avèze, de Montdardier et du Vigan.

Parmi les *carrières de pierre*, nous citerons : celles de Baruthel (dalles) et de Roquemaillère (pierre dure bleuâtre), près de Nîmes ; celles de Beaucaire (pierre tendre et blanche), vastes excavations, profondes d'une trentaine de mètres, qui renferment une grande quantité de fossiles. Les carrières de Lens, près de Montagnac (commune de Moulezan), fournissent une pierre très fine, qui a servi à construire la Maison-Carrée de Nîmes. On rencontre également dans le voisinage de Montagnac un calcaire particulier dont on fait de petits moulins à broyer le sel. D'autres carrières existent à Aubussargues, Barjac, Bernis, Castillon, Mus, dont les pierres très tendres renferment des milliers de coquillages pétrifiés ; à Vézénobres, Saint-Martin-de-Valgalgues, Sommières, Uchaud, etc. Près du Pont du Gard, on exploite encore la carrière qui a fourni les matériaux de l'aqueduc.

Saint-Martin-de-Valgalgues et Cornillon extrayent de l'*ocre* ; Saint-Martial, des *ardoises*.

A un kilomètre de Lasalle s'exploitent de vastes carrières qui fournissent un *gypse* d'une parfaite blancheur. La pierre se cuit dans des fourneaux situés dans le voisinage, d'où l'on dirige le plâtre sur Nîmes et Montpellier. On trouve aussi de la pierre à plâtre à Saint-Bonnet, Saint-Jean-du-Gard, Saint-Maurice, Monoblet, Poulx, Sauve, Sernhac, etc. — Près de Nîmes, la route d'Alais est bordée, au nord, par des carrières de *pierre à chaux*, d'une qualité supérieure, qui étaient déjà exploitées du temps des Romains. Enfin il existe de l'*argile pour poterie* dans un grand nombre de communes : à Romazan, Estézargues, Saint-Quentin, Remoulins, Serviers, Junas, etc.; de l'argile réfractaire à la Capelle, Saint-Michel-d'Euzet, Saint-Victor-des-Oules, etc.

L'agglomération industrielle la plus considérable du département avoisine le centre principal des puits d'extraction des houillères. D'Alais à la Grand-Combe, les deux côtés du chemin de fer ne présentent qu'une succession de fours, de verreries, de hauts fourneaux, d'usines à fer, à plomb, à zinc, de fabriques de rails, de produits chimiques, de machines. De même, les mines de Bessèges et de Robiac alimentent, à Bessèges et à Saint-Ambroix, de nombreux *établissements métallurgiques*. Les principaux établissements de ce genre sont les fonderies et aciéries de Bessèges et de Saint-Montant (près de Beaucaire); les usines à plomb de la Grand-Combe (laminage) et de Saint-Sébastien ; l'usine à zinc et à plomb (laminoirs) de Durfort; les sept fonderies de Nîmes, occupant plus de 300 ouvriers ; les fonderies et forges de Tamaris ; les forges de Vauvert; les chaudronneries de Nîmes ; les fabriques d'instruments aratoires de Calvisson et de Pont-Saint-Esprit, etc. A Génolhac se fabrique une grande quantité d'articles de coutellerie. Les usines métallurgiques du département du Gard ont fabriqué, en 1890, 10,084 tonnes de fers marchands et spéciaux, 59,631 de fontes d'affinage ou de moulage en première fusion, 22,600 d'aciers.

La ville d'Alais est, avec celle d'Aubenas (Ardèche), le principal marché de l'industrie séricicole en France. Environnée de toutes parts de collines et de vallées qui sont presque exclusivement consacrées à la culture du mûrier, à l'élevage du ver à soie et au dévidage du cocon, elle renferme un grand nombre de filatures, offrant les ateliers les plus perfectionnés peut-être qui existent dans cette industrie, et où le cocon se dévide sous la main des plus habiles ouvrières du monde, pour se transformer en ces fils si célèbres dans le commerce des soieries, sous le nom de *tramettes* ou *organsins* d'Alais. En 1886, on comptait dans le département du Gard 73 établissements de filerie, moulinerie ou tissage de la soie occupant ensemble 5,274 ouvriers avec 2,044 métiers et 103,450 bassines, fuseaux et tavelles.

Les principales **fileries de cocons** ou filatures de soie de l'arrondissement d'Alais sont situées à Anduze, Barjac, Corbès, Génolhac, Saint-Ambroix et Saint-Jean-du-Gard ; celles de l'arrondissement du Vigan, à Aulas, Aumessas, Avèze, Bez, Cros, Durfort, Lasalle, Molières, Monoblet, Notre-Dame-de-la-Rouvière, Pompignan, Quissac, Roquedur, Saint-André-de-Majencoules, Saint-Hippolyte, Saint-Julien-de-la-Nef, Saint-Laurent-le-Minier, Sumène, Thoiras et au Vigan. Les *carderies* de déchets de soie occupent au Vigan 600 ouvriers, 150 à Aulas et 100 à Pont-d'Hérault.

Les principales fabriques de Nîmes sont les manufactures de châles et tartans, de tapis, d'étoffes pour meubles, de foulards, qui occupent un grand nombre d'ouvriers. Nîmes produit surtout le tapis velouté pour l'ameublement, en se servant de procédés inventés par les fabricants du pays et restés en partie leur propriété. Toutes les qualités de tapis qui sortent des manufactures nîmoises, depuis les plus fines jusqu'aux communes, se distinguent de celles d'Aubusson par leur mode de fabrication entièrement mécanique : une fois le dessin établi et les laines préparées, l'ouvrier peut reproduire indéfiniment le modèle, ce qui permet de vendre les produits à des prix beaucoup plus bas que les étoffes de même apparence dont il a fallu copier toutes les couleurs comme celles d'un tableau. Nîmes fabrique aussi des lacets, des cordonnets et soies à coudre, des gants en soie, en bourre de soie et en fil d'Écosse, de la bonneterie, des chapeaux de soie, etc.

Il existe des *filatures de coton* et de fantaisie au Vigan ; des filatures de laine à Nîmes et à Margueritles. Le lavage et le peignage de la laine se pratiquent à Sommières. La *bonneterie* (bonnets, caleçons, bas de bourre de soie et de coton, etc.) se confectionne dans un certain nombre d'autres localités : à Nîmes, Quissac, Uzès, Sauve, au Vigan, à Saint-Hippolyte, Anduze, Saint-Jean-du-Gard, dans toute la vallée du Vidourle et dans la Vaunage. La fabrique de bas de soie la plus importante est à Arre, où elle occupe une population de 2,500 hab. Sauve se livre, en outre, à une industrie particulière, celle des fourches, attelles et manches d'outils, qu'elle expédie dans les deux mondes. Ces fourches sont faites avec la tige-mère et les trois branches du micocoulier (*fanabrègue* en patois), arbuste au feuillage vert poudreux qui croît dans le désert voisin de Sauve. — Manduel a une manufacture de pantoufles en tapisserie ; Anduze, Bagnols et Uzès, des fabriques de chapellerie.

Parmi les autres établissements industriels du département, nous citerons : les *papeteries* d'Anduze (papier de paille pour emballage), de Corbès, Générargues, Mialet, Uzès ; la scierie mécanique pour placages et les fabriques de billards de Nîmes ; la fabrique de chaises d'Aramon ; la fabrique de meubles de Pont-Saint-Esprit ; les *impri-meries* d'Alais, de Bagnols, Beaucaire, Nîmes, de Pont-Saint-Esprit, d'Uzès et du Vigan ; les *verreries* d'Alais et des Mages (produit annuel, 620,000 fr.) ; la faïencerie de Serviers ; les *poteries* d'Anduze, de Beaucaire (carrelages, briques et produits réfractaires), Meynes, Sauve, Saint-Quentin (qui possède aussi cinq fabriques de pipes), Saint-Victor-des-Oules, etc. ; des *tuileries* (plus de 200) spéciale-ment à Alais, à Allègre, à Générac, à Saint-Alexandre, à Montfaucon, etc. ; les *tanneries* d'Alais, de Bagnols, Nîmes, Quissac, Saint-Hip-polyte, Uzès, du Vigan ; les sparteries de Gallargues ; les *brasseries*

Viaduc entre Beaucaire et Manduel.

d'Alais, de Beaucaire, Nîmes, de Pont-Saint-Esprit, d'Uzès et du Vigan, des *fabriques de réglisse*, à Langlade, Moussac, Nîmes et Uzès ; de vermicelle, à Nîmes et Beaucaire ; de chocolat, à Nîmes et Alais ; de caramel, à Calvisson ; d'absinthe, de vermouth, à Nîmes, dont l'arrondissement compte de nombreuses *distilleries* ; de *pro-duits chimiques*, à Alais, Nîmes, Salindres. Enfin, il existe à Nîmes d'importantes fabriques de chaussures, de pâtes alimentaires, de confiserie d'olives, de chocolat, de biscuits, etc.

XII. — Commerce ; chemins de fer ; routes.

Nîmes est, après Béziers, l'entrepôt le plus considérable des gros

48 GARD.

vins du Midi. Sa position entre les Cévennes, le Rhône et la mer lui assure un transit considérable. Son marché aux bestiaux a pris une importance très grande. Outre l'exportation des produits de ses fabriques, elle fait un important commerce d'épiceries en gros et de denrées coloniales, de grains, d'indiennes et de rouenneries, de cocons et de soie, au compte des filateurs de Paris, de Lyon et de Saint-Étienne (16 à 18 millions de francs par an). — A Beaucaire il se tient chaque année une foire célèbre, aujourd'hui bien déchue. Le Vigan est le grand entrepôt du commerce qui se fait entre Nîmes et le revers septentrional des Cévennes.

Dans son ensemble, le département du Gard *exporte* des cocons, des soies filées, du sel, des huiles, des olives, des fruits, des châtaignes, des truffes d'Uzès, des plantes tinctoriales et médicinales envoyées en Hollande, de la houille et du lignite, de l'asphalte, de l'antimoine, des pierres lithographiques, des fers, fontes et aciers, des châles, des tapis de Nîmes, des foulards, des articles de bonneterie, des fourches de Sauve, et généralement tous les produits de son industrie agricole et manufacturière.

Il *importe* des articles de librairie, d'épicerie, de nouveautés, les denrées coloniales, les porcelaines, la verrerie, les articles d'horlogerie et de bijouterie, d'ameublement, des bois du Nord. Le port le plus considérable du département, le seul ouvert à la navigation maritime, est celui d'Aigues-Mortes. Il importe des oranges, des vins, des fruits, des grains, farines, huiles d'olives, savons, etc.

Le département est traversé par 14 chemins de fer (620 kil).

1° Le chemin de fer *de Paris à Nîmes par Brioude* entre dans le département à 6 kil. au delà de la station de Villefort (Lozère). Il dessert les stations de Concoules, Génolhac, Chamborigaud, Sainte-Cécile-d'Andorge, la Levade, la Pise, Tamaris, Alais, Saint-Hilaire, Mas-des-Gardies, Vézénobres, Ners, Boucoiran, Nozières, Saint-Geniès, Fons, Mas-de-Ponge, et enfin celle de Nîmes, après un parcours de 91 kil.

2° L'embranchement *de la Grand-Combe* (1800 mèt.) se détache à la Pise du chemin de fer précédent et remonte une petite vallée.

3° La ligne *du Pouzin à Alais* entre dans le Gard à 2 kil. au delà de la station de St-Paul-le-Jeune (Ardèche). Elle dessert Gagnières, Robiac (d'où se détachent à dr. les embranchements de *Bessèges* et des *mines de Trélys*, longs de 2 kil. 1/2 et de 2 kil.), Molières, Saint-Ambroix, Saint-Julien-de-Cassagnas, Salindres et Alais. Parcours 34 kil.

4° Le chemin de fer *du Martinet à Tarascon* (85 kil.) dessert Saint-Florent, Saint-Jean-de-Valériscle, les Mages, croise à Saint-Julien-de-

Cassagnas le chemin de fer du Teil à Alais, et à Célas celui d'Alais au Rhône, passe à Saint-Just-et-Vacquières, Euzet, Saint-Maurice, Foissac-Baron, Montaren, Uzès, Pont-des-Charettes, Vers, Pont-du-Gard, Remoulins, se confond sur 4 kil. avec la ligne de Lyon à Nîmes (stations de Lafoux, et de Sernhac), passe à Meynes-Montfrin, à Comps, puis se raccorde à Beaucaire avec le chemin de fer de Tarascon à Cette.

5° L'embranchement *d'Uzès à Nozières* (19 kil.) a pour stations Arpaillargues, Bourdic, Saint-Chaptes, Moussac et Nozières.

6° Le chemin de fer *de Tarascon à Cette*, quittant le département des Bouches-du-Rhône pour entrer dans celui du Gard, franchit le Rhône en aval du magnifique pont suspendu qui relie Beaucaire à Tarascon, sur un viaduc long de 597 mèt. Il passe aux gares de Beaucaire, Bellegarde, Manduel-Redessan, Grezan, Nîmes, Saint-Césaire, Milhaud, Bernis, Uchaud, Vergèze, d'Aigues-Vives et de Gallargues. Au delà, il entre dans l'Hérault, après un parcours de 49 kil. dans le Gard.

7° La ligne *d'Arles à Lunel* franchit le Petit-Rhône à 4 kil. en deçà de la station de Saint-Gilles pour entrer dans le Gard, où elle dessert les stations de Saint-Gilles, Gallician, du Cailar et d'Aimargues. Elle quitte le départ. non loin de Marsillargues (Hérault) pour entrer dans l'Hérault, après un parcours de 28 kil.

8° Le chemin de fer *de Lunel au Vigan* se détache à Gallargues de la ligne de Tarascon à Cette, passe à Aubais, Junas-Aujargues, Sommières, Fontanès, Vic-le-Fesq, Orthoux, Quissac, Sauve, Saint-Hippolyte, la Cadière, Ganges (Hérault), Sumène, Pont-d'Hérault et au Vigan. Parcours, 73 kil.

9° Le chemin de fer *de Nîmes à Aigues-Mortes* (40 kil.) a pour stations Saint-Césaire, Générac, Beauvoisin, Vauvert, le Cailar, Aimargues, Saint-Laurent-d'Aigouze et Aigues-Mortes.

10° Le chemin de fer *de Nîmes à Montpellier par Sommières* (22 kil.), se détachant à Saint-Césaire de la ligne d'Aigues-Mortes, dessert Caveirac, Langlade, Nages, Calvisson, Congeniès, se raccorde à Junas avec la ligne de Lunel au Vigan, puis entre, au delà de Sommières, dans le départ. de l'Hérault.

11° Le chemin de fer *de Lyon à Nîmes* entre en franchissant l'Ardèche dans le départ. du Gard, où il dessert Pont-Saint-Esprit, Bagnols, Orsan-Chusclan, l'Ardoise, Saint-Geniès-Montfaucon, Roquemaure, Villeneuve-Pujaut, Pont-d'Avignon, Aramon, Théziers, Remoulins, Lafoux, Lédenon, Saint-Gervasy-Bezouce, puis rejoint la ligne de Tarascon à Cette à la station de Marguerittes. Parcours, 85 kil.

4

12° Le chemin de fer *d'Alais à Quissac* se détache de la ligne de Paris à Nîmes à la station du Mas-des-Gardies, dessert les Tavernes, Lézan, Canaules-Saint-Nazaire, et rejoint à Quissac le chemin de fer de Nîmes au Vigan. Parcours, 31 kil.

13° L'embranchement *de Lézan à Anduze*, qui se détache à Lézan du chemin de fer précédent, a un parcours de 6 kil.

14° Le chemin de fer *d'Alais au Rhône* (57 kil.) passe aux stations de Mejannes-Mons, Celas-Servas, Brouzet, Seynes, Vallergues-la-Bruguière, Fontarèche-Saint-Laurent, Cavillargues, Saint-Pons-le-Pin, Connaux, Laudun-Saint-Victor et l'Ardoise.

Les voies de communication comptent 8,091 kilomètres, savoir :

14 chemins de fer.   620 kil.
Routes nationales.   513 1/2
Routes départementales.   736
Chemins vicinaux de grande communication.   633 1/2 ⎫
   —   d'intérêt commun. . .   784 ⎬ 6,020 1/2
   —   ordinaires . . . .   4.603 ⎭
2 rivières navigables.   103
7 canaux.   98

XIII. — Dictionnaire des communes.

Les chiffres de la population sont ceux du dernier recensement (1886).

Aigaliers, 456 h., c. d'Uzès ⚐—→ Château ruiné.

Aigremont, 203 h., c. de Lédignan. ⚐—→ Château ruiné.

Aigues-Mortes, 3,906 h., ch.-l. de c. de l'arrond. de Nîmes, petit port joint à la Méditerranée par un canal. ⚐—→ Curieux remparts construits de 1272 à 1275. A un angle se dresse le donjon appelé tour de Constance, élevé par saint Louis, fondateur d'Aigues-Mortes, en 1246. — Statue de saint Louis (1849). — Église du xIV° s. — Clocher du xIII° s., reste d'un couvent de Cordeliers. — Dans la chapelle des Pénitents blancs, toiles de la jeunesse de Sigalon. — Dans la maison où naquirent les deux frères Théaulon, magnifique cheminée de la Renaissance. — Dans les environs, belle tour Carbonnière (xIII° s.). — Ferme de Psalmody, seul reste de l'abbaye de ce nom.

— Maison de la Renaissance (magnifique cheminée).

Aigues-Vives, 1,816 h., c. de Sommières.

Aiguèze, 417 h., c. de Pont-Saint-Esprit. ⚐—→ Ancien château.

Aimargues, 2,708 h., c. de Vauvert.

Alais, 22,511 h., ch.-l. d'arrond., dans une situation pittoresque, sur le Gardon d'Alais. ⚐—→ Ancienne *cathédrale Saint-Jean,* curieux monument de style Louis XV, avec quelques restes des xII° et xIV° s. — Ancien *palais épiscopal* du xvIII° s. — Belles *promenades,* dont la principale, appelée *la Maréchale,* offre de magnifiques points de vue ; à son extrémité s'élève l'ancien *château,* servant de caserne et de prison. — *Aqueduc* apportant à Alais l'eau des sources de la Tour (7 kil.).

Alexandre (Saint-), 687 h., c. de Pont-Saint-Esprit.

Allègre, 1,007 h., c. de Saint-Ambroix. ➳→ Ruines d'un château, ancien ch.-l. d'une commanderie de Templiers, avec restes d'une chapelle et d'un autre édifice religieux de l'époque carlovingienne. — Établissements thermaux des Fumades, près desquels ont été découvertes des antiquités romaines. — Belle source d'Arlende. — Défilé de l'Argensole.

Alzon, 1,746 h., ch.-l. de c. de l'arrond. du Vigan, sur la Vis. ➳→ Château ruiné de Roquefeuil. — Colonie agricole de jeunes détenus.

Ambroix (Saint-), 3,433 h., ch.-l. de c. de l'arrond. d'Alais, sur la Cèze, au pied d'un rocher qui porte : les rui- d'un château (puits profond de 25 mèt., creusé dans le roc); une tour servant d'horloge et une chapelle semblable à une forteresse.

Anastasie (Sainte-), 876 h., c. de Saint-Chaptes. ➳→ Beaux sites dans l'étroite vallée du Gardon. — Pont de Saint-Nicolas-de-Champagnac, jeté sur le Gardon au XIIIᵉ s., par les moines d'un prieuré voisin dont il reste quelques bâtiments et une chapelle du XIIᵉ s. — Ruines d'un château féodal.

André-de-Majencoules (Saint-), 1,554 h., c. de Valleraugue. ➳→ Château ruiné des Pauses.

Aigues-Mortes.

André-d'Olérargues (Saint-), 353 h., c. de Lussan. ➳→ Château.

André-de-Roquepertuis (Saint-), 656 h., c. de Pont-Saint-Esprit. ➳→ Beaux rochers de Roquepertuis. — Église fortifiée. — Grotte de Soulié.

André-de-Valborgne (Saint-), 1,704 h., ch.-l. de c. de l'arr. du Vigan. ➳→ Châteaux ruinés de la Fare et de Follaquier.

Anduze, 4,060 h., ch.-l. de c. de l'arr. d'Alais, en amphithéâtre le long de la rive dr. du Gardon (pont de 5 arches), sur le versant E. du rocher de Saint-Julien. ➳→ Château fort, construit par Vauban — Porte moderne assez élégante. — Vieille tour de l'Horloge. — Ruines féodales, sur le rocher de Saint-Julien. — Deux dolmens à la Grande-Pallière.

Angles (Les), 358 h., c. de Villeneuve. ➳→ Église du XIVᵉ s.

Aramon, 2,692 h., ch.-l. de c. de l'arrond. de Nîmes.

Argilliers, 122 h., c. de Remoulins.

Arpaillargues-et-Aureillac, 585 h., c. d'Uzès.

Arphy, 421 h., c. du Vigan.

Arre, 589 h., c. du Vigan. ➳→ Dolmen, entre Arre et Blandas.

Arrigas, 800 h., c. d'Alzon.

Aspères, 212 h., c. de Sommières

Aubais, 1,312 h., c. de Sommières. ➤ Ruines d'un magnifique château. — Curieux défilé du Vidourle dominé par la roche d'Aubais.

Aubord, 200 h., c. de Vauvert.

Aubussargues, 266 h., c. de Saint-Chaptes. ➤ Belle source.

Aujac, 650 h., c. de Génolhac. ➤ Église du XI⁰ s.

Aujargues, 351 h., c. de Sommières. ➤ Façade remarquable à l'église. — Ruines d'un château.

Aulas, 865 h., c. du Vigan.

Aumessas, 782 h., c. d'Alzon. ➤ Cascade de l'Albaigne. — Rocher pyramidal de la montagne de Rochelongue.

Avèze, 1,153 h., c. du Vigan. ➤ Château de Montcalm (belle vue de la terrasse). — Belle source, dite fontaine d'Isis. — Pont naturel appelé pont de Mousse, sur le ruisseau de Vézénobres. — Établissement de bains d'eau minérale de Cauvalat.

Bagard, 677 h., c. d'Anduze.

Bagnols, 4,458 h., ch.-l. de c. de l'arrond. d'Uzès, sur la Cèze, au pied de la Dent de Signac et du camp de César ou de Laudun dont les fières assises ressemblent aux marches d'un escalier gigantesque. ➤ Beau clocher.

Barjac, 1854 h., ch.-l. de c. de l'arrond. d'Alais. ➤ Dans le vieux château, collection d'anciennes armures.

Baron, 250 h., c. de Saint-Chaptes. ➤ Ruines du château d'Arcques, construit, dit-on, par les Sarrazins.

Bastide-d'Engras (La), 344 h., c. de Lussan. ➤ Vieux château.

Bauzely (Saint-), 195 h., c. de Saint-Mamert.

Beaucaire, 9,824 h., ch.-l. de c. de l'arrond. de Nîmes, au pied d'une colline escarpée dominant la rive dr. du Rhône. ➤ Beau pont-viaduc de 8 arches, long de 597 mèt., portant le chemin de fer de Tarascon à Cette. — Magnifique pont suspendu, de 5 travées, pour la route de terre. — Sur la colline, belles ruines d'un château des XII⁰ et XIV⁰ s.; vieille tour triangulaire à mâchicoulis; chapelle romane, surmontée d'un joli clocher, et renfermant un petit musée; grande salle voûtée. — Saint-Paul (ogivale), ancienne église des Cordeliers (XIV⁰ s.). — Belle Vierge byzantine, reste de l'église Notre-Dame. — Hôtel de ville, élégant édifice du temps de Louis XIV. — Belle maison de la Renaissance. — Ancienne porte fortifiée dite du Rhône. — Deux statues de la Vierge. — Croix-Couverte, gracieux édifice gothique du XV⁰ s., abritant une croix. — Ruines du château et du prieuré de Saint-Roman.

Beauvoisin, 1,334 h., c. de Vauvert. ➤ Château en partie du XIII⁰ s., sur une hauteur d'où l'on aperçoit les Alpes et les Pyrénées. — Ruines de l'abbaye cistercienne de Franquevaux. — Tour ruinée de Béraud (fin du XIV⁰ s.).

Bellegarde, 2,517 h., c. de Beaucaire. ➤ Reste d'aqueduc romain. — Tour ruinée. — Jolies fontaines.

Belvezet, 470 h., c. de Lussan. ➤ Nombreuses sources.

Benezet (St-), 140 h., c. de Lédignan.

Bernis, 934 h., c. de Vauvert. ➤ Ruines féodales. — Dans l'église, tombeau du célèbre partisan catholique le capitaine Poul, tué dans la guerre contre les Camisards.

Bessèges, 10,653 h., ch.-l. de c. de l'arr. d'Alais, sur la Cèze. ➤ Mines curieuses par leurs végétaux fossiles.

Bez-et-Esparon, 867 h., c. du Vigan. ➤ Belle cascade au mont Tessonne. — Pont-viaduc de 9 arches. — Château d'Assas.

Bezouce, 701 h., c. de Marguerittes.

Blandas, 503 h., c. d'Alzon. ➤ Menhir de Peyre-Plantade; dolmens.

Blauzac, 641 h., c. d'Uzès.

Boisset-et-Gaujac, 551 h., c. d'Anduze.

Boissières, 170 h., c. de Sommières. ➤ Château féodal.

Bonnet (Saint-), 574 h., c. d'Aramon. ➤ Église du XII⁰ s.

Bonnet (Saint-), 158 h., c. de Lasalle. ➤ Vieux château crénelé.

Bonneveaux-et-Hiverne, 306 h., c. de Génolhac. ➤ A l'Abadié, ruines d'un monastère fondé au IX⁰ s.

Bordezac, 764 h., c. de Bessèges. ➤ Jolie église ogivale moderne.

Boucoiran-et-Nozières, 718 h., c. de Lédignan. ➤ Donjon du XII⁰ s.

Bouillargues, 2,426 h., 3⁰ c. de Nîmes. ⟶ Château construit par les évêques de Nîmes.

Bouquet, 378 h., c. de St-Ambroix. ⟶ Vieux château. — Gouffres des Aiguières troués de cavernes.

Bourdic, 219 h., c. de Saint-Chaptes.

Bragassargues, 85 h., c. de Quissac. ⟶ Grotte au sommet de Rocal.

Branoux, 1,071 h., c. de la Grand-Combe.

Bréau-et-Salagosse, 763 h., c. du Vigan. ⟶ Pont de Serres, sur la Bréaunèze. — Vaste grotte de Montérais.

Brès (St-), 594 h., c. de St-Ambroix.

Bresson (Saint-), 230 h., c. de Sumène. ⟶ Sources de Font-Bouillon.

Brignon, 525 h., c. de Vézénobres. ⟶ Grottes creusées de main d'homme. — Vieux château de Méric.

Brouzet, 153 h., c. de Quissac. ⟶ Nombreuses grottes dans les montagnes de la Serre.

Brouzet, 543 h., c. de Vézénobres. ⟶ Belle grotte.

Bruguière (La), 365 h., c. de Lussan. ⟶ Avens.

Cabrières, 348 h., c. de Marguerittes. ⟶ Fontaine de Roquecourbe.

Cadière (La), 262 h., c. de Saint-Hippolyte.

Cailar (Le), 1,289 h., c. de Vauvert.

Calmette (La), 900 h., c. de Saint-Chaptes.

Calvisson, 1,752 h., c. de Sommières.

Cambo, 48 h., c. de Saint-Hippolyte.

Campestre-et-Luc, 902 h., c. d'Alzon. ⟶ Château et dolmen de Grailhe. — Abîme de Saint-Ferréol. — Colonie pénitentiaire du Luc.

Canaules-et-Argentières, 399 h., c. de Sauve.

Cannes-et-Clairan, 249 h., c. de Quissac.

Capelle-et-Masmolène (La), 425 h., c. d'Uzès. ⟶ Château ruiné.

Cardet, 472 h., c. de Lédignan.

Carnas, 315 h. c. de Quissac. ⟶ Château ruiné.

Carsan, 304 h., c. de Pont-St-Esprit.

Cassagnoles, 300 h., c. de Lédignan.

Castelnau-Valence, 282 h., c. de Vézénobres. ⟶ Château féodal des xii⁰, xiv⁰ et xvi⁰ s. — Église ruinée du village disparu de Sainte-Croix-de-Dorias.

Castillon-de-Gagnères, 2,985 h., c. de Bessèges. ⟶ Sur une hauteur à pic, ruines d'un château.

Castillon-du-Gard, 648 h., c. de Remoulins.

Causse-Bégon, 84 h., c. de Trèves.

Caveirac, 761 h., c. de Saint-Mamert. ⟶ Restes d'un château du xvii⁰ s., servant de temple, de mairie et d'école. — Source abondante.

Cavillargues, 737 h., c. de Bagnols. ⟶ Grottes préhistoriques.

Cécile-d'Andorge (Sainte-), 1180 h., c. de la Grand-Combe.

Cendras, 868 h., c. (Ouest) d'Alais. ⟶ Donjon roman. — Vieille tour de la Fare. — Abbaye ruinée de Saint-Martin.

Césaire-de-Gauzignan (Saint-), 264 h., c. de Vézénobres.

Cézas, 131 h., c. de Sumène.

Chambon, 813 h., c. de Génolhac.

Chamborigaud, 1,653 h., c. de Génolhac. ⟶ Église ruinée de Chausse.

Chaptes (Saint-), 775 h., ch.-l. de c. de l'arrond. d'Uzès.

Christol (Saint-), 1,345 h., c. (Ouest) d'Alais.

Christol-de-Rodière (Saint-), 282 h., c. de Pont-Saint-Esprit. ⟶ Belle source.

Chusclan, 606 h., c. de Bagnols. ⟶ Sur un haut piton rocheux et boisé, ruines du château de Gion.

Clarensac, 584 h., c. de Saint-Mamert. ⟶ Quatre vieilles tours.

Clément (Saint-), 106 h., c. de Sommières.

Codognan, 795 h., c. de Vauvert.

Codolet, 610 h., c. de Bagnols.

Collias, 645 h., c. de Remoulins. ⟶ Belles sources dans les gorges du Gardon qui absorbent et rejettent les eaux à des époques irrégulières. — Rochers de Malpas. — Grotte de Pasque.

Collorgues, 310 h., c. de Saint-Chaptes.

Colognac, 451 h., c. de Lasalle.

Combas, 459 h., c. de Saint-Mamert. ⟶ Vieille tour.

Côme-et-Maruéjols (Saint-), 349 h., c. de Saint-Mamert.

Comps, 693 h., c. d'Aramon. ⟶

Machine élévatoire qui alimente le canal de Nîmes.

Concoules, 550 h., c. de Génolhac. ➛➛➤ Église du xiᵉ s. — Tunnels du chemin de fer.

Congeniès, 686 h., c. de Sommières.

Connaux, 1,094 h., c. de Bagnols. ➛➛➤ Belle fontaine de Tabiou.

Conqueyrac, 115 h., c. de Saint-Hippolyte. ➛➛➤ Menhirs, dolmens ; grottes sépulcrales de l'époque néolithique.

Corbès, 107 h., c. de Saint-Jean-du-Gard. ➛➛➤ Grotte de Valauri.

Corconne 504 h., c. de Quissac. ➛➛➤ Pont naturel.

Cornillon, 731 h., c. de Pont-Saint-Esprit.

Courry, 565 h., c. de Saint-Ambroix.

Crespian, 172 h., c. de Saint-Mamert.

Croix - de - Caderle (Sainte-), 192 h., c. de Lasalle.

Cros, 716 h., c. de Saint-Hippolyte.

Cruviers-Lascours, 289 h., c. de Vézénobres.

Deaux, 126 h., c. de Vézénobres.

Denis (Saint-), 332 h., c. de Saint-Ambroix.

Dézery (Saint-), 220 h., c. de Saint-Chaptes.

Dionisy (Saint-), 187 h., c. de Sommières.

Dions, 573 h., c. de Saint-Chaptes. ➛➛➤ Belle grotte des Espélugues (V. p. 23). — Fortifications du moyen âge. — Château et beau parc du Buisseret.

Domazan, 464 h., c. d'Aramon.

Domessargues, 181 h., c. de Lédignan.

Dourbies, 1,121 h., c. de Trèves. ➛➛➤ Ruines du château de Valgarnide.

Durfort-et-Saint-Martin-de-Sossenac, 766 h., c. de Sauve. — Débris romains, sur l'emplacement de l'antique *Vindomagus* (?). — Grotte préhistorique des Morts.

Estézargues, 211 h., c. d'Aramon. ➛➛➤ Église fortifiée des xiᵉ et xvᵉ s.

Estréchure (L'), 612 h., c. de Saint-André-de-Valborgne.

Étienne-de-Lolm (Saint-), 178 h., c. de Vézénobres.

Étienne-des-Sorts (Saint-), 620 h.,

c. de Bagnols. ➛➛➤ Château ruiné de la Barasque.

Euzet, 324 h., c. de Vézénobres. ➛➛➤ Grotte. — A 2 kil., établissement de bains d'eaux minérales.

Félix-de-Pallières (Saint-), 331 h., c. de Lasalle. ➛➛➤ Chapelle de l'ancien château de Saint-Félix. — Curieuse fontaine.

Flaux, 268 h., c. d'Uzès.

Florens (Saint-), 2,740 h., c. de Saint-Ambroix.

Foissac, 198 h., c. de Saint-Chaptes.

Fons, 379 h., c. de Saint-Mamert.

Fons-sur-Lussan, 425 h., c. de Lussan. ➛➛➤ Aven du Camelier.

Fontanès, 525 h., c. de Sommières.

Fontarèche, 256 h., c. de Lussan.

Fournès, 568 h., c. de Remoulins. ➛➛➤ Vieille tour.

Fourques, 1,193 h., c. de Beaucaire.

Fressac, 100 h., c. de Sauve. ➛➛➤ Château ruiné.

Gailhan, 135 h., c. de Quissac.

Gajan, 289 h., c. de Saint-Mamert. ➛➛➤ Château et porte fortifiée du xvᵉ s.

Garn (Le), 421 h., c. de Pont-Saint-Esprit. ➛➛➤ Monuments mégalithiques.

Garons, 995 h., 3ᵉ c. de Nîmes.

Garrigues - et - Sainte - Eulalie, 260 h., c. de Saint-Chaptes. ➛➛➤ Restes d'un château.

Gaujac, 474 h., c. de Bagnols. ➛➛➤ Restes d'une commanderie de Templiers, au sommet du mont Saint-Michel, dont les flancs renferment une grotte. — Ruines du château de l'Hôpital.

Générac, 1,848 h., c. de Saint-Gilles. ➛➛➤ Tombelle, à Puech-Cocon.

Générargues, 550 h., c. d'Anduze.

Geniès - de - Comolas (Saint-), 725 h., c. de Roquemaure. ➛➛➤ Grotte.

Geniès - de - Malgoires (Saint-), 934 h., c. de Saint-Chaptes. ➛➛➤ Vieille tour servant de beffroi.

Génolhac, 1,182 h., ch.-l. de c. de l'arrond. d'Alais.

Gervais (Saint-), 594 h., c. de Bagnols. ➛➛➤ Vieux château.

Gervasy (Saint-), 537 h., c. de Marguerittes. ➛➛➤ Le Fougue et le Fougueron, gouffres remarquables. — Sur la colline de Puech-Chicard, chapelle et calvaire, pèlerinage.

Gilles (Saint-), 5,503 h., ch.-l. de c., arr. de Nîmes, près du canal d'Aigues-Mortes à Beaucaire, à 2 kil. du Petit-Rhône. ⟶ *Église* d'une célèbre abbaye; crypte du xıı° s. et 3 magnifiques portes de la même époque, véritables merveilles de richesse sculpturale, ornées de colonnes de marbre, de statues, de bas-reliefs, de figures d'animaux. La nef a été pauvrement rebâtie sur les piliers de l'ancienne; au delà, ruines du chœur, reconstruit au commenc. du xııı° s., parmi lesquelles on remarque un escalier à hélice, la *vis de Saint-Gilles*, qui passe pour un chef-d'œuvre de coupe de pierres. Dans ce chœur ruiné, antiquités romaines ou du moyen âge. Dans la sacristie, nombreuses bulles de papes et chartes des rois se rapportant à l'église de Saint-Gilles. — A l'Hôtel de Ville, archives très anciennes et musée d'histoire naturelle. — *Maison* romane, restaurée. — Ruines du château de la Motte.

Goudargues, 1,090 h., c. de Pont-Saint-Esprit. ⟶ Église du xııı° s. et bâtiments moins anciens, restes d'un monastère. — Menhir. — Belles sources; gouffre ou Trou de Laven.

Grand-Combe (La), 11,341 h., ch.-l. de c. de l'arrond. d'Alais.

Grand-Gallargues, 1,549 h., c. de Vauvert. ⟶ Ancien château (temple protestant). — Vieille tour. — Ruines du pont Ambroix, pont romain qui conduisait à la station d'*Ambrussum*.

Grau-du-Roi (Le), 1,060 h., c. d'Aigues-Mortes. ⟶ Établissement de bains de mer et casino. — Phares sur la pointe de l'Espiguette et sur les musoirs. —

Hilaire-de-Brethmas (Saint-), 941 h., c. (Est) d'Alais.

Hilaire-d'Osilhan (Saint-), 554 h., c. de Remoulins. ⟶ Château ruiné de Saint-Hilaire-le-Vieux.

Hippolyte-de-Caton (Saint-), 172 h., c. de Vézénobres. ⟶ Château entouré d'un beau parc.

Hippolyte-de-Montaigu (Saint-), 148 h., c. d'Uzès. — Statue de la Vierge, au sommet du Mont-Aigu.

Hippolyte-du-Fort (Saint-), 4,079 h., ch.-l. de c. de l'arr. du Vigan, sur les rivières du Vidourle et de l'Argentesse. ⟶ Restes des remparts; fort bâti par Vauban; tour Saint-Louis. — Château ruiné du Castelas, à Saint-Hippolyte-le-Vieux. — Grottes.

Issirac, 516 h., c. de Pont-St-Esprit.

Jean-de-Ceyrargues (Saint-), 180 h., c. de Vézénobres. ⟶ Château de la fin du xvı° s.

Jean-de-Crieulon (Saint-), 156 h., c. de Sauve.

Jean-de-Maruéjols-et-Avejan (Saint-), 1,139 h., c. de Barjac.

Jean-de-Serres (Saint-), 296 h., c. de Lédignan. ⟶ Église du xı° s.

Jean-de-Valériscle (Saint-), 950 h., c. de St-Ambroix. ⟶ Grotte.

Jean-du-Gard (Saint-), 5712 h., ch.-l. de c. de l'arr. d'Alais, sur le Gardon d'Anduze (charmante vallée; pont pittoresque). ⟶ Tour de l'Horloge, reste d'une église romane. — Vieux pont, sur le Gardon. — Promenade du Temple plantée de marronniers.

Jean-du-Pin (Saint-), 542 h., c. (Ouest) d'Alais.

Jonquières-et-Saint-Vincent, 1,516 h., c. de Beaucaire. ⟶ A Saint-Laurent, église du xıı° s.

Julien-de-Cassagnas (Saint-), 551 h., c. de Saint-Ambroix.

Julien-de-la-Nef (Saint-), 215 h., c. de Sumène. ⟶ Cascade du Roc-d'Aiguefolle.

Julien-de-Peyrolas (Saint-), 883 h., c. de Pont-Saint-Esprit.

Julien-de-Valgalgues (Saint-), 1,052 h., c. (Est) d'Alais.

Junas, 502 h., c. de Sommières. ⟶ Ruines de l'église Saint-Benoît.

Just-et-Vacquières (Saint-) 486 h., c. de Vézénobres.

Lamelouze, 350 h., c. de la Grand-Combe.

Langlade, 582 h., c. de Sommières. ⟶ Au Castellas, ruines féodales.

Lanuéjols, 1,104 h., c. de Trèves. ⟶ A 3 kil. S.-E. de Randavel, grotte Obscure.

Lasalle, 2,561 h., ch.-l. de c. de l'arrond. du Vigan ⟶ Pittoresque vallon de la Salindrique.

Laudun, 1,992 h., c. de Roquemaure. ➡➡ Ruines du château de Bord ou de Born. — Église, reste d'un prieuré. — Plateau de Saint-Pierre-de-Castres (traces d'un camp antique et chapelle ruinée). — Vieux château de Lascours.

Laurent-d'Aigouze (Saint-), 1897 h., c. d'Aigues-Mortes. ➡➡ Château de Calvières, du XII° s., remanié.

Laurent-de-Carnols (Saint-), 348 h., c. de Pont-Saint-Esprit.

Laurent-des-Arbres (Saint-), 816 h., c. de Roquemaure. ➡➡ Fossiles.

Laurent-la-Vernède (Saint-), 457 h., c. de Lussan ➡➡ Restes de remparts du XV° s.

Laurent-le-Minier (St-), 942 h., c. de Sumène. ➡➡ Château construit en 1690. — Gorges grandioses de la Vis. — Superbe grotte d'Aujeau.

Laval, 1,598 h., c. de la Grand-Combe.

Laval-Saint-Romain, 284 h., c. de Pont-Saint-Esprit. ➡➡ Chapelle ruinée de Saint-Roman. — Dolmens.

Lecques, 170 h., c. de Sommières. ➡➡ Château du moyen âge, remanié.

Lédenon, 661 h., c. de Marguerittes. ➡➡ Ruines féodales.

Lédignan, 638 h., ch.-l. de c. de l'arr. d'Alais. ➡➡ Inscription romaine.

Lézan, 686 h., c. de Lédignan.

Liouc, 76 h., c. de Quissac. ➡➡ Église du XIII° s.

Lirac, 420 h., c. de Roquemaure. ➡➡ Chapelle souterraine et grottes de Notre-Dame.

Logrian-et-Comiac-de-Florian, 242 h., c. de Sauve. ➡➡ Château où naquit Florian.

Lussan, 1,006 h., ch.-l. de c. de l'arrond. d'Uzès. ➡➡ Belles cascades de l'Aiguillon. — Ancien château, dans le village. — Vieux château de Fan. — Trois belles grottes. — Menhir.

Mages (Les), 1,089 h., c. de Saint-Ambroix.

Malons-et-Elze, 892 h., c. de Génolhac. ➡➡ Sur un pic, château ruiné du XIV° s. — Sources de la Ganière.

Mamert (Saint-), 410 h., ch.-l. de c. de l'arrond. de Nîmes. ➡➡ Belle source.

Mandagout, 858 h., c. du Vigan.

Manduel, 1,949 h., c. de Marguerittes. ➡➡ Importante église construite par M. Révoil.

Marcel-de-Careiret (Saint-), 555 h., c. de Lussan. ➡➡ Belle fontaine.

Marguerittes, 1,755 h., ch.-l. de c. de l'arr. de Nîmes. ➡➡ Ruines de l'église Saint-Gilles (XII° s.), au cimetière. — Église moderne, style du XIII° s.

Mars, 164 h., c. du Vigan.

Martial (Saint-), 755 h., c. de Sumène. ➡➡ Restes d'un château.

Martignargues, 133 h., c. de Vézénobres.

Martin-de-Valgalgues (Saint-), 1,543 h., c. (Est) d'Alais. ➡➡ Ancienne église, bien conservée.

Maruéjols-lès-Gardon, 148 h., c. de Lédignan. ➡➡ Église romane.

Massannes, 122 h., c. de Lédignan.

Massillargues-Attuech, 391 h., c. d'Anduze.

Mauressargues, 123 h., c. de Lédignan.

Maurice-de-Cazevieille (Saint-), 515 h., c. de Vézénobres. ➡➡ Église : chœur du XIII° s.

Maximin (Saint-), 509 h., c. d'Uzès. ➡➡ Ruines de l'église Saint-Eugène. — Église du XI° s. ➡➡ Cascade de Bord-Nègre, aven d'où s'échappent des eaux.

Méjanne-le-Clap, 119 h., c. de Barjac. ➡➡ Lacs. — Trou de Laven, où se perd une partie des eaux qui vont former les sources de Goudargues, d'Ussel et de la Bastide.

Méjanne-lès-Alais, 532 h., c. (Est) d'Alais. ➡➡ Débris de l'oppidum gallo-romain de *Vatrute* (?) sur le plateau de Vié-Cioutat.

Meynes, 952 h., c. d'Aramon.

Meyrannes, 1,272 h., c. de Saint-Ambroix.

Mialet, 1,100 h., c. de Saint-Jean-du-Gard. ➡➡ Belles grottes à ossements.

Michel-d'Euzet (Saint-), 495 h., c. de Bagnols. ➡➡ Sites pittoresques.

Milhaud, 1,348 h., 1er c. de Nîmes.

Molières, 632 h., c. du Vigan.

Molières-sur-Cèze, 2,754 h., c. de Saint-Ambroix.

Monoblet, 807 h., c. de Lasalle.

Mons, 674 h., c. (Est) d'Alais.

Montaren-et-Saint-Médiers, 775

h., c. d'Uzès. ➡→ Vieux château, remanié. — Tour d'Arbeyre.

Montclus, 567 h., c. de Pont-Saint-Esprit. ➡→ Restes d'un château et d'un monastère. — Gorges grandioses de la Cèze. — Belles grottes de Bruges.

Montdardier, 581 h., c. du Vigan. ➡→ Dolmens. — Grotte, dans le Puech-d'Anjeu. — Tour sur un mamelon de la Tude. — Beau château, restauré.

Monteils, 213 h., c. de Vézénobres. ➡→ Ruines regardées comme celles de la ville de *Vatrute*.

Montfaucon, 578 h., c. de Roquemaure. ➡→ Ancien château. — Chapelle dépendant jadis d'un prieuré.

Montfrin, 2,545 h., c. d'Aramon ➡→ Église du XIIᵉ s. (tableaux de Mignard et de Sigalon). — Château du XVIIᵉ s., terminé par Mansart. — Tour (XIIᵉ s.) d'une maison de Templiers. — Cheminée de la maison Calvières.

Montignargues, 99 h., c. de Saint-Chaptes.

Montmirat, 194 h., c. de St-Mamert.

Montpezat, 436 h., c. de St-Mamert.

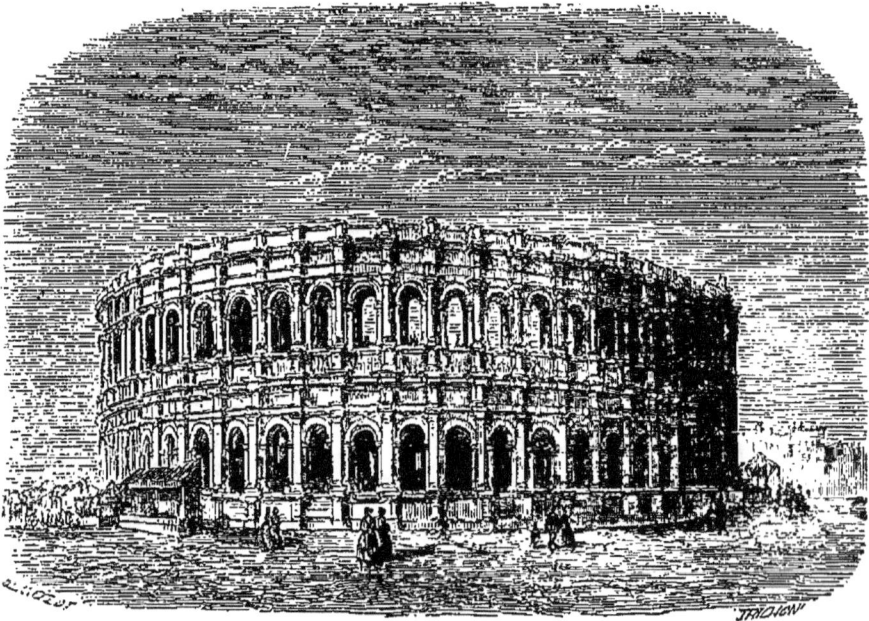

Les Arènes à Nimes.

Moulézan-et-Montagnac, 521 h., c. de St-Mamert. ➡→ Grotte de Davant. — Carrières de Lens, d'où furent extraites les pierres employées à la construction de la Maison-Carrée de Nîmes.

Moussac, 680 h., c. de Saint-Chaptes. ➡→ Tour féodale du XIIᵉ s.

Mus, 465 h., c. de Vauvert. ➡→ Carrières renfermant des coquillages pétrifiés.

Nages-et-Solorgues, 523 h., c. de Sommières. ➡→ Restes d'un *oppidum*.

Navacelles, 484 h., c. de Saint-Ambroix. ➡→ Grotte de Belle-Gorge. —

Puits de l'Aven, vomissant un torrent après les orages.

Nazaire (St-), 346 h., c. de Bagnols.

Nazaire-des-Gardies (St-), 120 h., c. de Sauve. ➡→ Château des Gardies.

Ners, 434 h., c. de Vézénobres. ➡→ Pont-viaduc du chemin de fer.

Nîmes, 69,898 h., ch.-l. du départ., à 46 mèt. d'altit., au pied d'une chaîne de collines et à l'extrémité d'une large plaine, est la ville de France qui possède les monuments antiques les plus beaux et les mieux conservés. L'*amphithéâtre* ou les *Arènes*, tour à tour attribué à Antonin, à Trajan, à Vespasien, à Titus et à Domitien, a la forme d'une ellipse, dont le grand axe est de 133 mèt. et le petit axe de 101 mèt.; sa hauteur est de 21 mèt. Deux rangs d'arcades superposées, au nombre de 60, que surmonte un attique, forment la division extérieure de l'amphithéâtre. Aux points cardinaux s'ouvrent 4 portes. A l'intérieur sont établis 35 rangs de gradins, divisés en 4 précinctions, que 4 escaliers font communiquer. Cet édifice majestueux servait aux combats de gladiateurs et d'animaux, aux chasses, et pouvait contenir environ 21,000 spectateurs; aujourd'hui il sert aux courses des taureaux de la Camargue. Une restauration a été commencée en 1858. — La Maison-Carrée est un temple rectangulaire (25 mèt. 65 de long, sur 13 mèt. 15 de larg.). De ses 30 colonnes cannelées, d'ordre corinthien, vingt sont engagées dans les murailles du temple, dix soutiennent le péristyle (perron de 15 marches). Cet édifice a été élevé, selon l'opinion de la plupart des érudits, par Plotine, femme de Trajan; tout autour ont été découverts les restes d'un forum. — La tour Magne, consolidée et restaurée en 1845, est située sur le Mont-Cavalier. Haute de 28 mèt. (autrefois 36 à 40), elle se compose de trois étages superposés et en retraite les uns sur les autres. On monte au sommet (vue magnifique) par un escalier (140 marches), construit dans l'intérieur en 1841.

L'édifice dit temple de Diane, où a été établi un musée lapidaire, est situé dans le jardin de la Fontaine, au pied de la colline de la tour Magne. Il est rectangulaire (15 mèt. de long. sur 9 mèt. 50 de larg.). — Les ruines des Bains se trouvent à côté du temple de Diane; mais elles ne sont bien visibles que pendant les basses eaux de la fontaine de Nîmes. — La porte d'Auguste, restaurée en 1849, offre deux grandes arcades de 4 mèt. d'ouverture sur 6 mèt. de hauteur, flanquées de deux arcades plus petites; une belle corniche couronne tout le monument et supporte une frise. — La porte de France est formée d'une arcade à plein cintre (4 mèt. de larg. sur 6 mèt. 50 de haut. sous clef). — Le Castellum divisorium ou château d'eau, bassin circulaire de 6 mèt. de diamètre, recevait les eaux de l'aqueduc (Pont-du-Gard), et les distribuait dans la ville. — Restes des murailles romaines.

La cathédrale Saint-Castor, bâtie sur les ruines d'un temple romain, offre encore des traces de l'art romain, du romano-byzantin et du gothique; on doit signaler surtout : la façade et la tour, dont une partie du soubassement est formée de débris antiques. A l'intérieur, tombeaux du cardinal de Bernis et de Fléchier, tableau de Sigalon (Baptême du Christ) et les Pèlerins d'Emmaüs, de Reynaud Levieux. — Église Saint-Paul (1840-1850), du style roman; belles fresques d'Hippolyte et Paul Flandrin et vitraux de Maréchal. — Église Sainte-Perpétue, édifice original avec un clocher hardi; belle peinture représentant l'Apparition de la Sainte, par M. Doze. — Église Saint-Baudile, rebâtie de 1870 à 1875, dans le style ogival, et surmontée de deux hautes flèches. — Église Saint-Charles, agrandie et restaurée. — Église du lycée, du xviie s. — Église des dames de Besançon, due à M. Révoil. — Grand temple protestant. — Palais de justice (beau fronton et magnifique colonnade). — Belle préfecture moderne. — Prisons, bâties en 1826, en partie, dit-on, sur l'emplacemen de la basilique de Plotine. — Théâtre à colonnade ionique. — Hôtel-Dieu, belle façade. — Nouvel hôpital général, dans une situation agreste. — Maison centrale, ancienne citadelle élevée par Vauban. — Tour de l'Horloge, du xvie s. — Vastes halles centrales. — Sur l'emplacement de l'ancien hôpital général, Bibliothèque (50,000 vol., 200 manuscrits et 7,000 médailles; cabinet d'histoire naturelle) et musée de peinture (Locuste par Sigalon, Cromwell par Delaroche, toiles de Parrocel, C. Vanloo, Van Dyck, Boucher8 Rigaud, Rubens, du Guerchin, du Guide, de David de Heem, etc.). — Le musée des Antiques, un des plus riches de la France, est établi dans l'enceinte et tout autour de la Maison-Carrée. — *Collection de M. Pelet*, annexe du musée archéologique (reproduction en liège des monuments antiques de la région, ou d'Italie). — Sur la place de la Bouquerie, *statue d'Antonin*, par M. Bosc. — Sur la belle *place de l'Esplanade* s'élève une *fontaine*, érigée par Questel en 1848. Quatre statues symbolisent le Rhône, le Gardon, la fontaine de Nîmes et la fontaine d'Eure. Au sommet s'élève la statue de la ville de Nîmes, chef-d'œuvre de Pradier, comme les précédentes. — Le très beau *jardin de la Fontaine (muséum)* doit son nom à la célèbre *fontaine de Nîmes*, source abondante qui naît au pied du Mont-Cavalier et qui alimente un bassin dont les hémicycles, ainsi que leurs escaliers, sont construits sur les fondements antiques. L'eau tombe ensuite par une cascade dans un second bassin appelé *Nymphée*, puis dans un troisième, qui date également de la domination romaine. Le long de la promenade se voient des statues, entre autres celle de J. Reboul, des vases en marbre et des balustres. La ville est, en outre, alimentée par les eaux du Rhône prises à la Roche de Comps, à 4 kil. 1/2 en amont de Beaucaire (rive dr.) et à 27 kil. 1/2 de Nîmes. — Des *allées du Mont-Cavalier* et de la *promenade du Mont-Duplan*, belle vue. — Citons encore : les *boulevards*, le *Grand cours* et le *cours Neuf*.— Au cimetière catholique, *mausolée* de Mgr Cart († 1855), par M. Révoil. — Dans le cimetière protestant, *statue tombale de l'Immortalité*, dernière œuvre de Pradier.

Orsan, 476 h., c. de Bagnols.
Orthoux, 345 h., c. de Quissac.
Parignargues, 303 h., c. de Saint-Mamert.
Paul-la-Coste (St-), 646 h., c. (O.) d'Alais. ➻ Château de Mandajors.
Paulet-de-Caisson (St-), 1,074 h., c. de Pont-St-Esprit. ➻ Chartreuse de Valbonne (xviiᵉ s.).— Belles fontaines.
Peyremale, 671 h., c. de Bessèges. ➻ Château ruiné de Castellas.
Peyroles, 134 h., c. de Saint-André
Pin (Le), 317 h., c. de Bagnols. ➻ Église et château du moyen âge.

Plans (Les), 126 h., c. (Est) d'Alais. ➻ Restes d'un château.
Plantiers (Les) ou **Saint-Marcel-de-Fontfouillouse**, 932 h., c. de Saint-André. ➻ Église ruinée du xᵉ s. — Château ruiné de Monteils. — Donjon féodal des Plantiers-d'Aleyrac.
Pomiers, 250 h., c. du Vigan.
Pompignan, 1,013 h., c. de Saint-Hippolyte. ➻ Église ruinée.
Pont-du-Gard, V. Vers.
Pons-la-Calm (Saint-), 466 h., c. de Bagnols.
Pont-Saint-Esprit, 4,962 h., ch.-l. de c., arr. d'Uzès, sur la rive dr. du Rhône. ➻ Sur la place d'Armes, fontaine monumentale avec statue en bronze représentant la Ville de Pont-St-Esprit. — Citadelle (1595-1620); jolie chapelle (1365). — Église du xivᵉ et du xvᵉ s. — Église St-Saturnin (portail du xvᵉ s.). — A l'hospice, riche dépôt d'archives et collection de faïences. — Maison du Roi (salle des États et fresque avec le nom des arches du pont). — Logis du St-Esprit (plafond peint très curieux). — Maison des Chevaliers du xiᵉ s. (plafond peint du xvᵉ s.). — Vieux *pont* en pierres (840 mèt. de long), bâti sur le Rhône, de 1265 à 1309, par une corporation de Frères Pontifes (19 grandes arches de 25 à 35 mèt. d'ouverture, 3 petites de 8 mèt.).
Ponteils-et-Brésis, 850 h., c. de Génolhac. ➻ A Brésis, château en partie du xiiᵉ s. — Maison romane.
Portes, 1,147 h., c. de Génolhac. ➻ Château des xivᵉ et xviiᵉ s.
Potelières, 248 h., c. de St-Ambroix. ➻ Château restauré en 1780.
Pougnadoresse, 272 h., c. de Lussan.
Poulx, 269 h., c. de Marguerittes.
Pouzilhac, 460 h., c. de Remoulins.
Privat-de-Champclos (Saint-), 480 h., c. de Barjac. ➻ Belles ruines du monastère de Féreyrolles.
Privat-des-Vieux (Saint-), 1,025 h. c. (Est) d'Alais.
Puechredon, 33 h., c. de Sauve. ➻ Église (xivᵉ s.) de Puech-Flavard.
Pujaut, 1,093 h., c. de Villeneuve.
Quentin (Saint-), 2,032 h., c. d'Uzès. ➻ Château ruiné. Vieille tour de Cantadure. — Belle source d'Airan.

Quissac, 1,532 h., ch.-l. de c. de l'arrond. du Vigan.

Redessan, 1,043 h., c. de Marguerittes. ➠→ Haute tour de l'Horloge.

Remoulins, 1350 h., ch.-l. de c. de l'arrond. d'Uzès. ➠→ Ancien château. — Restes des remparts. — Source de la Foux. — A Saint-Martin, église du xiiᵉ s. — Grotte de la Sartanette.

Revens, 216 h., c. de Trèves.

Ribaute, 804 h., c. d'Anduze.

Rivières, 574 h., c. de Barjac. ➠→ Édifice du xviᵉ s., dit château du Nord. — Château de Theyrargues, ruiné.

Robiac, 4,165 h., c. de Bessèges. ➠→ Chapelle et bâtiments d'un ancien prieuré. — Dans l'église, tableau de Sigalon. — Restes d'un château.

Rochefort, 994 h., c. de Villeneuve. ➠→ N.-D. de Grâce, but de pèlerinage.

Rochegude, 387 h., c. de Barjac.

Rogues, 415 h., c. du Vigan. ➠→ Vieux château restauré.

Roman-de-Codières (Saint-), 608 h., c. de Sumène. ➠→ Donjon féodal.

Roque (La), 265 h., c. de Bagnols. ➠→ Pont de 12 arches du xiiiᵉ s., sur la Cèze. — Ancien château. — Belle cascade du Sautadet.

Roquedur, 282 h., c. de Sumène. ➠→ Au Castel-du-Vigan, ruines du château d'Exunas, démantelé par saint Louis. — Grotte. — Belle source.

Roquemaure, 2,666 h., ch.-l. de c. de l'arrond. d'Uzès, au pied d'une colline rocheuse dominant le Rhône. ➠→ Château ruiné de Castelas-du-Bord.

Rousson, 1,503 h., c. (Est) d'Alais. ➠→ Église du xiiiᵉ s. — Château ruiné du Castelas.

Rouvière (La), 513 h., c. de Saint-Chaptes.

Rouvière (La), 1,007 h., c. de Valleraugue.

Sabran, 1,156 h., c. de Bagnols. ➠→ Château ruiné.

Salazac, 330 h., c. de Pont-St-Esprit. ➠→ Sources de Gravil et de Granesse.

Salindres, 2,550 h., c. (Est) d'Alais. ➠→ Vieille tour.

Salinelles, 324 h., c. de Sommières. ➠→ Château ruiné de Montredon.

Salles-du-Gardon (Les), 1,296 h., c. de la Grand-Combe.

Sanilhac-et-Sagriès, 586 h., c. d'Uzès. ➠→ Chapelle de Saint-Vérédème, du xiᵉ s., dominant les belles gorges du Gardon. — Tour féodale du xiᵉ s., et château ruiné du xivᵉ. — Sources intermittentes.

Sardan, 144 h., c. de Quissac.

Saumane, 487 h., c. de Saint-André-de-Valborgne. ➠→ Sur un rocher escarpé, ruines du château du Castelas.

Sauve, 2,440 h., ch.-l. de c. de l'arrond. du Vigan, en amphithéâtre au-dessus du Vidourle (pont du xvᵉ s.). ➠→ Belle source alimentée par plusieurs gouffres. — Débris d'un château.

Sauveterre, 753 h., c. de Roquemaure.

Sauveur-des-Pourcils (Saint-), 467 h., c. de Trèves. ➠→ Caverne où s'engouffre le torrent du Bramabiau.

Sauzet, 286 h., c. de Saint-Chaptes.

Savignargues, 104 h., c. de Sauve.

Saze, 516 h., c. de Villeneuve.

Sébastien (Saint-), 514 h., c. d'Anduze. ➠→ Château ruiné d'Aigrefeuille. — Sur le mont de Druyes, tombeaux antiques taillés dans le roc. — Sur le Vidourle, pont moderne de 7 arches, recouvrant le noyau d'un pont romain; à l'une de ses extrémités, porte féodale surmontée d'une tour. — Ruines imposantes d'un château.

Sénéchas, 501 h., c. de Génolhac.

Sernhac, 958 h., c. d'Aramon. ➠→ Église du viiiᵉ s. — Statue colossale de la Vierge sur un rocher.

Servas, 291 h., c. (Est) d'Alais. ➠→ Colonie agricole.

Serviers-et-la-Baume, 321 h., c. d'Uzès. ➠→ Château des xvᵉ et xviᵉ s.

Seynes, 247 h., c. de Vézénobres. ➠→ Grotte. — Source.

Siffret (Saint-), 321 h., c. d'Uzès.

Sommières, 3,838 h., ch.-l. de c., arr. de Nîmes. ➠→ Restes d'un château — Pont recouvrant les restes d'un pont romain (tour à l'extrémité). — Château de la Renaissance sur le plateau de Villevieille. — A 2 kil., château ruiné de Montredon, qu'avoisinent deux chapelles romanes.

Soudorgues, 660 h., c. de Lasalle. ➠→ Châteaux de Peyre, en ruine, et de Beauvoir, restauré.

Soustelle, 322 h., c. (Ouest) d'Alais.

Uzès.

Souvignargues, 511 h., c. de Sommières. **⟶** Grotte du Bézal. — Château ruiné.

Sumène, 2,891 h., ch.-l. de c. de l'arr. du Vigan. **⟶** Grottes.

Tavel, 1,533 h., c. de Roquemaure **⟶** Source au milieu du village.

Tharaux, 186 h., c. de Barjac. **⟶** Belle grotte à stalactites.

Théodorit (St-), 237 h., c. de Quissac.

Théziers, 548 h., c. d'Aramon. **⟶** Ruines féodales au Castellas. — Église de Saint-Amans (xɪ• s.).

Thoiras, 404 h., c. de Lasalle. **⟶** Ancien château. — Grotte.

Tornac, 767 h., c. d'Anduze. **⟶** Ruines pittoresques d'un vieux château.

Tresques, 891 h., c. de Bagnols.

Trèves, 515 h., ch.-l. de c., arr. du Vigan. **⟶** Grotte de Saint-Firmin et ruines d'un château.

Uchaud, 1,030 h., c. de Vauvert.

Uzès, 5,116 h., ch.-l. d'arrond., sur une colline dominant le pittoresque vallon où l'Airan se triple par la réunion de la fontaine d'Eure et prend le nom d'Alzon. **⟶** Le *château*, appelé *le Duché*, mélange de constructions de diverses époques, flanquées de grosses tours, offre : un donjon du xɪ• s. ; une façade principale, élevée au xvɪ• s., d'après les dessins de Philibert Delorme ; une chapelle du xɪɪɪ• s., recouvrant des caveaux où sont les tombeaux de plusieurs ducs et duchesses. — L'ancienne *cathédrale* (xvɪɪ• s.) a conservé, du xɪ• ou du xɪɪ• s., une magnifique *tour* romane du xɪɪ• s., connue sous le nom de *Campanile* ou *tour Fenestrelle*. — Dans l'établissement des Dames de Saint-Maur, crypte très ancienne creusée dans le roc comme le tunnel et les escaliers qui y donnent accès. — Ancien palais épiscopal, aujourd'hui *sous-préfecture* et *tribunal* (xvɪɪ• s.) ; parc remarquable. — *Hôtel de ville*, sur une place entourée d'arcades et décorée d'une jolie *fontaine*. — Tour carrée de l'*Horloge*. — *Maisons* de la Renaissance ; *hôtel* du baron de Castille. — *Statue* en bronze *de l'amiral Brueys*, par Duret (1860), sur une belle *promenade* (vue étendue). — *Pavillon Racine*, où résida quelques mois le grand poète et situé dans le jardin fruitier du *Parc* (*alisier* phénoménal). — Dans les environs : ruines de la *tour de l'Évêque ; grottes ; fontaine d'Eure.* (V. p. 16) ; *église* ruinée *de Saint-Geniès* (xɪɪ• s.).

Vabres, 108 h., c. de Lasalle.

Vallabrègues, 1,716 h., c. d'Aramon.

Vallabrix, 346 h., c. d'Uzès. **⟶** Restes d'un château du xvɪɪ• s. — Belles sources.

Vallérargues, 259 h., c. de Lussan. **⟶** Belles sources.

Valleraugue, 2,835 h., ch.-l. de c., arr. du Vigan, au confluent du Claron et de l'Hérault. **⟶** Statue du général Perier. — Château ruiné de Castelcor. — Église N.-D. de Bonheur (xɪɪ• s.), servant de bergerie. — Beaux sites.

Valliguières, 388 h., c. de Remoulins. **⟶** Jolie fontaine ; source pétrifiante.

Vauvert, 4,008 h., ch.-l. de c. de l'arrond. de Nîmes. **⟶** Vieux château.

Vénéjan, 574 h., c. de Bagnols. **⟶** Ruines d'un château du xvɪ• s.

Verfeuil, 628 h., c. de Lussan. **⟶** Restes d'une abbaye transformée en ferme. — Tour féodale du xɪɪɪ• s., dans les bois. — Château du xvɪ• s. — Aven donnant de l'eau après les pluies.

Vergèze, 1,465 h., c. de Vauvert **⟶** A 4 kil., château de Boissières.

Vernarède (La), 3,546 h., c. de Génolhac.

Vers, 727 h., c. de Remoulins. **⟶** Beaux sites dans la vallée du Gardon, que franchit le célèbre *Pont-du-Gard*. Ce monument faisait partie de l'aqueduc de 41 kil. qui, prenant aux environs d'Uzès les eaux d'Eure et d'Airan, les conduisait à la fontaine de Nîmes. Élevé, dit-on, par Agrippa, gendre d'Auguste, le Pont-du-Gard a été de nos jours très habilement restauré. Appuyé à ses deux extrémités sur les collines qui resserrent la vallée du Gardon, haut de 48 m. 77, long de 269 mèt. au niveau de l'étage supérieur, et de 171 m. 22 au niveau du premier étage, il se compose de deux rangs de grandes arcades et d'un troisième rang d'arcades plus petites, toutes en plein cintre. Au-des-

Le Vigan.

sus du troisième étage est établie la rigole d'écoulement. Bâti dans un style sévère, en grosses pierres tirées d'une carrière voisine et posées les unes sur les autres sans mortier, l'édifice repose sur un rocher taillé de niveau à 1 ou 2 mèt. hors de l'eau. Un pont moderne, adossé à la façade orientale, gâte l'aspect de cette partie du monument. — Grotte Salpêtrière, station préhistorique de la fin de l'âge du renne. — Château de Saint-Privat, ancienne commanderie de Templiers.

Vestric-et-Candiac, 265 h., c. de Vauvert. **⟶** Château de Candiac, où naquit Montcalm.

Vézénobres, 902 h., ch.-l. de c., arr. d'Alais. **⟶** Ruines d'une forteresse. — Château de Calvières (style Louis XV; vaste et beau parc).

Vic-le-Fesq, 280 h., c. de Quissac.

Victor-de-Malcap (Saint-), 684 h., c. de Saint-Ambroix.

Victor-des-Oules (Saint-), 314 h., c. d'Uzès.

Victor-la-Coste (Saint-), 1,028 h., c. de Roquemaure. **⟶** Débris de remparts et château.

Vigan (Le), 5,353 h., ch.-l. d'arr., à 260 m. d'alt., sur la rive g. de l'Arre, au pied d'un contrefort de la montagne de l'Espérou. **⟶** Vieux *pont* gothique sur l'Arre. — *Halle au blé*, sur les ruines d'un temple romain — *Hôpital* fondé en 1190. — *Église :* bons tableaux. — Bel *hôtel de ville.* — *Statue* en bronze *du Chevalier d'Assas.* — *Statue* du sergent *Triaize.* — *Promenade* remarquable par la grosseur de ses châtaigniers.

Villeneuve-lès-Avignon, 2,644 h., ch.-l. de c. de l'arr. d'Uzès, sur le penchant d'une colline de la rive dr. du Rhône, en face d'Avignon. **⟶** L'*église*, fondée par le cardinal Arnaud de Via (XIV⁰ s.), contient : plusieurs toiles de N. Mignard, de Raynaud Levieux, Ph. de Champaigne, de Guerchin, de Simon Vouet; une belle statue de la Vierge ; un charmant siège en marbre blanc et un maître-autel remarquable par la richesse de ses marbres ; cloître ogival. — Sur le bord du Rhône, très belle *tour* dite *de Philippe-le-Bel* (XIV⁰ s.), qui défendait, du côté de la France, le vieux pont d'Avignon. — Sur le rocher du *Mont-Andaon* (belle vue), *fort Saint-André* (XIV⁰ s.; belle porte et murailles fortifiées), renfermant dans son enceinte la chapelle romane (XI⁰ s.) de *Notre-Dame de Belvezet* et une ancienne *abbaye de Bénédictins*, fondée à la fin du X⁰ s. et occupée aujourd'hui par les Dames Victimes du Sacré-Cœur (tombeaux dans le cloître; crypte ou *grotte de Sainte-Casarie*). — Restes de la *chartreuse du Val-de-Bénédiction*, fondée en 1356 par Innocent VI : église; deux cloîtres; salle capitulaire; *fontaine de Saint-Jean;* cellule dans son état primitif; salles voûtées de la boulangerie; dans une chapelle restaurée par M. Révoil, anciennes fresques attribuées à Simon de Lyon, peintre qui suivait, au XV⁰ s., la cour pontificale. — L'*hospice-hôpital*, ancien couvent de Franciscains, renferme un *musée* (tableaux, Vierge en ivoire du XIV⁰ s., objets d'art, sculptures, sceaux, croix, monnaies, curiosités). Dans la chapelle, *tombeau d'Innocent VI* (XIV⁰ s.), en pierre de Pernes (statue en marbre blanc). — Ancien *prieuré de Montault*, fondé en 1340. — A l'*hôtel de ville*, armoire et bibliothèque curieuses. — *Maison* du XIV⁰ s. (restaurée), où mourut saint Pierre de Luxembourg.—*Hôtel de Conti* (porte monumentale). — Ancien palais du cardinal de Giffon. — *Porte du Boul-de-Ville* (XVIII⁰ s.) — Vieilles *maisons* gothiques dans le quartier du Bourguet.

Villevieille, 326 h., c. de Sommières. **⟶** Château de la Renaissance. — Restes de remparts du XV⁰ s. — Caverne à ossements.

Vissec, 270 h., c. d'Alzon.

25603. — Imprimerie A. Lahure, rue de Fleurus, 9, à Paris.

MER MÉDITERRANÉE

LARGENTIÈRE
Vogüé
Villeneuve-de-Berg
Joyeuse
Vallon
Bourg St André
Villefort
Les Vans
Pont St Esprit
Génolhac
Bessèges
Bagnols
FLORAC
Barré
St Germain de Calberte
Grand Combe
Uzès
Meyrueis
St André de Valborgne
ALAIS
St Jean
St André
Vallerauge
Anduze
La Salle
Le Vigan
Sumène
St Hippolyte
Ledignan
St Chapte
Ganges la Cadière
Quissac
Sauve
Lamert
NIMES
Marguerittes
Beaucaire
Claret
St Martin de Londres
Sommières
Castries
Lunel
Vauvert
St Gilles
ARLES
Gignac
MONTPELLIER
Mauguio
Etg de Mauguio ou de l'or
Aiguesmortes
Montagnac
Frontignan
Mèze
Cette
Florensac
Agde

Librairie HACHETTE et Cⁱᵉ, b. Saint-Germain, 79, Paris

DICTIONNAIRE

GÉOGRAPHIQUE ET ADMINISTRATIF

DE LA FRANCE

ET DE SES COLONIES

COMPRENANT

1° UNE INTRODUCTION SUR LA FRANCE ;
2° DES NOTICES GÉOGRAPHIQUES, STATISTIQUES, ADMINISTRATIVES, COMMERCIALES,
INDUSTRIELLES, DESCRIPTIVES, HISTORIQUES ET BIOGRAPHIQUES
SUR LES DÉPARTEMENTS, LES COMMUNES ET LES PRINCIPAUX HAMEAUX ;
3° DES NOTICES DÉTAILLÉES SUR LES ANCIENNES PROVINCES, LES RÉGIONS PARTICULIÈRES,
LES MONTAGNES, LES BOIS ET FORÊTS, LES MINES,
LES FLEUVES, LES RIVIÈRES, TORRENTS ET LACS, LES EAUX MINÉRALES, LES CANAUX,
LES GOLFES, BAIES ET PORTS, DÉTROITS, ILES ET ILOTS, CAPS, PHARES, ETC. ;
ET SUR LES CURIOSITÉS NATURELLES ET HISTORIQUES ;
4° DES ARTICLES GÉNÉRAUX ET SPÉCIAUX POUR L'ALGÉRIE ET LES COLONIES,

Avec gravures, plans et cartes dans le texte et la carte de
chaque département tirée en couleur hors texte.

PUBLIÉ SOUS LA DIRECTION DE

PAUL JOANNE

Avec la collaboration de :

MM. J. GUILLAUME, Dʳ LE PILEUR, A. LEQUEUTRE, Théodore NICOLAS,
Paul PELET, Élie RECLUS, Élisée RECLUS, Onésime RECLUS
Anthyme SAINT-PAUL, Franz SCHRADER, Victor TURQUAN, ETC., ETC.

Les TRENTE-HUIT premières livraisons contiennent
les lettres A-B, et une grande partie de la lettre C.

CONDITIONS ET MODE DE LA PUBLICATION

Il paraîtra environ douze livraisons par an, depuis le mois de juin 1888
Chaque livraison, protégée par une couverture, contient : soit 32 pages de
texte (96 colonnes, représentant la valeur d'un volume in-16 de 300 pages) ;
soit 24 pages de texte et une carte en couleur, soit 16 pages de texte et
2 cartes en couleur. Le prix de chaque livraison est de UN FRANC ;
1 fr. 10 par la poste.

IMPRIMERIE A. LAHURE, RUE DE FLEURUS, 9, A PARIS

www.ingramcontent.com/pod-product-compliance
Lightning Source LLC
LaVergne TN
LVHW022117080426
835511LV00007B/882